U0581858

内容简介

　　乡村治理是国家治理体系和治理能力现代化建设的基础，实现乡村有效治理是乡村振兴的重要内容。本书从制度变迁视角，遵循"乡村治理主体—客体—方式"的分析路径，总结了改革开放以来乡村治理取得的成就，对近几年各地乡村治理的探索和实践进行分析，指出了乡村治理存在的突出问题，提出了"十四五"时期加强乡村治理的意见和政策建议。

　　全书分上、下两篇。上篇从理论层面对乡村治理的主体、客体、治理手段等进行了系统分析，针对乡村治理存在的基层党组织能力参差不齐、农民参与乡村治理程度低、乡村治理手段较为单一、乡村治理体制还不完善、法治观念有待进一步加强等突出问题，提出了"十四五"时期要从巩固党的执政基础和维护国家政权安全的高度，以"提升乡村人民群众的幸福感和获得感"为目标，依托信息技术的集成应用，推进"自治为基、法治为本、德治为先"的三治结合，激发"自治"活力，提升"法治"意识，培育"德治"素养，不断健全体系、完善机制、创新服务，构建城乡治理共同体，提升乡村治理效能和现代化水平。提出了强化基层党组织的关键作用、以信息技术赋能治理水平提升、调动农民和社会组织参与积极性、构建新型城乡治理共同体、增强乡村治理的文化支撑、不断推进自治、德治、法治相融合等政策建议。

　　下篇是部分地方探索乡村治理的路径和模式。作者赴浙江、湖南、江西、北京、广西、山东、安徽等省（市、自治区）调研，深入了解部分地方开展乡村治理的经验，在此基础上总结提炼。有社会组织—安徽尚村"积谷会"在乡村治理中如何发挥作用、山东青岛市西海岸新区的德育银行乡村治理模式、江西新余市的"党建引领，五力聚合"乡村治理模式、浙江平湖市社工参与乡村治理的实践、农村网格化管理的探索、浙江绍兴市乡贤参与乡村治理的模式探索、能人李静娟和徐精文在乡村治理中的带动作用、浙江乡村治理中小微权力管理模式、北京平谷区"街乡吹哨、部门报到"乡村治理模式探索、江西鹰潭市余江区以"宅改"为契面推进乡村有效治理、乡村治理的智治模式的探索、浙江"枫桥经验"对乡村治理的借鉴作用、浙江乐清市凤凰村乡村治理中农村集体产权制度改革的探索、浙江湖州市吴兴区乡市村治理中以"房票"激活农村资源资产的路径探索、乡村治理中的农村宗教管理。

乡村
善治之路的
探索

龙文军　张灿强　等／著

中国农业出版社
北　京

图书在版编目（CIP）数据

乡村善治之路的探索 / 龙文军等著 . —北京：中
国农业出版社，2022.10
ISBN 978-7-109-29994-8

Ⅰ.①乡…　Ⅱ.①龙…　Ⅲ.①农村—群众自治—研究
—中国　Ⅳ.①D638

中国版本图书馆 CIP 数据核字（2022）第 173153 号

中国农业出版社出版

地址：北京市朝阳区麦子店街 18 号楼
邮编：100125
责任编辑：周益平　李海锋
版式设计：杨　婧　责任校对：刘丽香
印刷：北京通州皇家印刷厂
版次：2022 年 10 月第 1 版
印次：2022 年 10 月北京第 1 次印刷
发行：新华书店北京发行所
开本：700mm×1000mm　1/16
印张：7.25
字数：130 千字
定价：58.00 元

版权所有·侵权必究
凡购买本社图书，如有印装质量问题，我社负责调换。
服务电话：010-59195115　010-59194918

　　乡村治理是国家治理的基石。农业农村部农林经济研究中心（简称"农研中心"）2015 年就开始组建乡村治理研究团队，开展农村经济基础和上层建筑方面的研究，从文献综述到实地调研，从研究报告撰写到政策建议提出，从基层试点试验到更大范围推广，经过持续不断的努力，完成了《乡村善治之路的探索》一书，很高兴看到他们的成果出版面世。应作者的邀请，欣然为他们的新书作序。

　　党的十九大提出乡村振兴战略，并把"产业兴旺、生态宜居、乡风文明、治理有效、生活富裕"作为乡村振兴的总体要求，其中"治理有效"是乡村振兴的重要保障，是"五位一体"总体布局中社会建设对农村的具体要求。为了更好地推进乡村振兴，习近平总书记在 2017 年底召开的中央农村工作会议上提出了走中国特色社会主义乡村振兴道路，并明确了走城乡融合发展之路、走共同富裕之路、走质量兴农之路、走乡村绿色发展之路、走乡村文化兴盛之路、走乡村善治之路、走中国特色减贫之路等七条具体路径。其中"乡村善治之路"就是本书的主题。

　　没有乡村的有效治理，就没有乡村的全面振兴。由于乡村治理涉及方方面面，探索出合适的路径并非易事。全国各地都在积极探索乡村有效治理的路径，加强以党组织为核心的农村基层组织建设，逐步充实乡村治理内容，不断创新乡村治理手段，促进农村社会和谐稳定，增强广大农民群众的获得感、幸福感、安全感。本书就是农研中心乡村治理研究团队坚持以习近平总书记关于"三农"工作重要论述为指导，在各地开展调研的基础上形成的成果，是研究人员"把论文写在大地上"的具体体现。这部著作能为国家相关部门的决策提供帮助，为地方推进乡村治理提供借鉴，为有关专家学者研究乡村治理问题提供参考。

"路漫漫，其修远兮。"为了更好地把握乡村治理的规律，深入探索党组织领导下的自治、法治、德治相结合的路径，建立共建共治共享的治理机制，还有很多问题需要深入研究，例如：乡村智治如何建立长效机制，德育银行和积分制如何在一定范围内打通，如何更好地鼓励各类志愿者在乡村振兴中发挥作用，农村各项改革政策与乡村治理如何有机结合等等。同时，不断探索乡村治理问题的研究方法，在对象上如何突出农民的主体地位，在方向上如何顺应和把握乡村发展规律，在方法上如何坚持自治、法治、德治"三治融合"，在目标上如何聚焦解决突出问题，在工作布局上如何推动治理重心下沉，在手段上如何不断创新乡村治理方式，推动乡村治理体系和治理能力现代化。这些问题既需要各个相关学科领域的学者深入研究，也需要地方政府和相关部门的积极探索。

农研中心是农业农村部直属的政策研究咨询机构，中心现设有18个处室，还有粮食安全、绿色发展、当代农史、乡村治理、产品全产业链监测预警、农村土地制度、乡村文化、农村集体经济、金融创新、农业保险、粮食减损等跨处室的研究团队，这些处室和团队为党和国家制定农村政策、发展战略和深化改革提供了大量决策咨询建议。希望乡村治理研究团队继续努力，多出成果，为国家制定乡村治理政策提供更有价值的建议，为国家推进乡村振兴战略的实施做出重要的贡献，也希望社会各界给予农研中心更多的关心和支持。

农业农村部农村经济研究中心主任　金文成

2022 年 5 月 25 日

目　录

CONTENTS

上篇：

总　论

乡村治理的体系变迁、实践探索和路径选择

在中国，乡村治理问题从来都是一个极其重要的问题，不仅关系到农民的生存和发展，而且关系到农村基层政权的稳定。因此，乡村治理一直是治国理政的重要内容之一。

一、改革开放以来乡村治理体系的变迁

改革开放以来，国家针对乡村治理问题出台了一系列法律和政策，有的是在每年中央 1 号文件中提及，有的是在专门的法律法规中提及，有的是在一些党的会议文件中提及。无论在哪里提及，从乡村治理的目标来看，总体都是朝着实现乡村治理能力现代化的目标迈进。从乡村治理体系变迁的逻辑来看，乡村治理一直是在遵循乡村内在的发展规律，为服务实现农业农村现代化目标而不断创新。

（一）乡村治理的主体变迁

乡村治理的主体是乡村治理实践活动和认识活动的承担者。20 世纪 80 年代初，随着农村经济改革和家庭联产承包责任制的推行，人民公社解体，农民个体地位越来越突出。1983 年 10 月 12 日，中共中央国务院发布《关于实行政社分开建立乡政府的通知》，实行"乡政村治"的治理新体制。乡村的治理主体是村民委员会，负责维持农村社会治安、组织农民开展农田水利建设等工作。1988 年《中华人民共和国村民委员会组织法（试行）》实施，1998 年正式颁布了《中华人民共和国村民委员会组织法》，2010 年做了修订。作为群众性民主自治组织的村民委员会职能逐步扩大，帮助村民在农村社会、政治、经济等诸多事务中实现自我管理，保障村民自治，探索农村民主的实现形式。2005 年的中央 1 号文件提出要"健全村党组织领导下的充满活力的村民自治机制"。实际上就是倡导各类社会组织都参与到乡村治理工作中来。党的十八大以后，农村党组织建设作为基层党建的重要内容。2013 年和 2014 年的中央 1 号文件都提出，要使合作社成为改善乡村治理机制的抓手之一。党的十九大报告中提出实施乡村振兴战略，把"治理有效"作为乡村振兴的总要求之一提出来，同时强调"党政军民学，东西南北中，党是领导一切的"，农村基层党组织是落实政策、做好"三农"工作的重要组织基础。因此，在乡村振兴的大背景下，农村党组织理所当然地成为乡村治理的牵头主体。

当前乡村治理主体包括：农村基层党组织、村民委员会、共青团、妇联、民兵组织、合作社、社区红白理事会、各类社会服务组织、新型经营主体、各类农村企业等。以村民委员会为组织形式的村民自治组织朝着规范化、法治化方向不断发展，各类主体参与到乡村治理活动中，这些主体的出现既是创新完善乡村治理机制的需要，也适应了广大农村社会内部差异性治理的要求，他们共同在乡村治理中发挥着各自应有的作用，乡村治理的活力也在不断体现。

（二）乡村治理客体变迁

乡村治理的客体指主体实践活动和认识活动的对象，即乡村治理中面临的各类矛盾。随着经济社会的发展，各类矛盾在不同时代的表现也不完全相同。20 世纪 80 年代，农村社会的主要矛盾就是收缴农业税（以前称为"要钱"）、抓计划生育（以前称为"要命"），以及处置相关的突发群体性事件等，由于治理能力和水平存在差异，各类矛盾在规模、强度和危害性等方面也不完全相同，部分地方由于处理不善还引发了更大的矛盾，甚至影响到了农村社会的稳定。20 世纪 90 年代以后，农村旧的矛盾并未完全解决，新的矛盾如村委会选举中的舞弊行为、村务公开不畅、小官巨贪、农民利益诉求表达渠道不畅等问题也越来越多，一些地方农民群众和基层干部之间的矛盾几乎是针尖对麦芒。进入新世纪，随着农村税费改革、农业税取消，农民负担不再成为三农问题的焦点，而在处理土地承包流转、征地拆迁补偿等问题过程中对农民利益的侵害却慢慢成了主要矛盾。此外，还有由于农村公共产品供给不足、农村社会保障制度的缺失、农村生态环境污染等问题引发的社会纠纷频繁出现。当前，土地流转中的利益分配、国家各项补贴分配的公平程序、农村公共服务的及时满足等都是治理中碰到的突出难题，而部分地区由于片面强调农村维稳还引发了大量新的社会不公平现象，甚至在某种程度上助长了农村的信访行为，不仅导致某些长期存在的问题依然得不到彻底解决，而且还增加了一些新的问题。

由此可见，当前乡村治理的客体已经从以前的"要钱要粮要命"转移到处理土地流转、村庄公共服务、各类补贴分配、集体资产管理等涉及社会公平的具体内容上来了。这些矛盾存在于农民与土地的关系、农民与政府的关系、农民与集体的关系、农业与社会组织之间的关系、农民与农民之间的关系之中。只有深入梳理这些关系之后，才能对乡村治理的客体有更加深刻的理解。

（三）乡村治理方式的变迁

乡村治理方式是指主体应对客体所采取的手段和方式。从 20 世纪 80 年代开始，家庭联产承包责任制带来了农村生产力的极大释放，农民分工分业，土地承包经营权慢慢发生流转，农村的利益格局发生改变，不同时期出现的矛盾各不相同。在解决各种纷繁复杂的矛盾过程中，相关主体也在不断探索乡村治理方式，从引导农民自主开展生产，再到以村委会为主体的自我管理，虽然农民的民主意识得以明显增强，但是那个时期解决各类矛盾的方式一般都是以堵为主。2004 年，在农民负担最重、干群关系最紧张的时期，中央下发了 21 世纪以来第一个涉农的中央 1 号文件，此后每年的中央 1 号文件都聚焦三农问题，不断出台相关政策，探索以"疏"和"堵"结合的方式解决三农发展中的突出问题，努力建设农村新型民主关系，理顺干部和农民关系。2004 年国务院开始实行减征或免征农业税的惠农政策，2005 年中央 1 号文件提出探索村民自治建设，2006 年，彻底废除农业税，农民负担逐渐减轻，土地流转承包关系不断发展并趋于稳定。2007 年提出要创新农村社会管理体制机制，2008年提出要探索乡村有效治理机制，2010 年提出要完善符合国情的农村基层治理机制，2013 年提出要完善和创新乡村治理机制，2014 年提出要探索不同情况下村民自治的有效形式，2016 年提出要完善多元共治的农村社区治理结构，2017 年提出要构建自治、法治、德治相结合的乡村治理体系，2018 年在加强农村基层党组织建设、深化村民自治实践、建设法治乡村、提升乡村德治水平和建设平安乡村五方面做出了具体部署。

当前农民与土地、与政府、与集体、与社会组织、与农民之间的关系发生了历史性变化，从高度依附转向相对独立，从被管理转向参与管理议事，乡村治理方式从以堵为主转变为疏堵结合，不断创新，朝着治理能力现代化的目标迈进。

（四）乡村治理理念的变迁

乡村治理理念是指治理主体对乡村治理的观点、看法和信念。不同时期乡村治理面临的情况不尽相同，随着主体和客体发生新变化，治理理念有一定的差别。在改革开放初期，既要面对人民公社遗留的问题，又要以改革的勇气调整生产关系，调动广大农民生产的积极性。在这样的背景下，乡村治理就必须围绕变革农业生产体制和经营体制，开展村民自治的探索。因而，乡村治理中行政指令不断减少，农民的自主性逐渐增强。进入 20 世纪 90 年代，由于农民负担加重引发的社会矛盾越来越突出，与此同时，农村青壮年人口纷纷进城，三留守（留守妇女、留守儿童、留守老人）现象越来越普遍，村庄的"空心化""老龄化""空壳化"现象越来越多，基层干部在治理过程中就像救火队员，哪里出问题就往哪里赶。进入新世纪初，由于面临巨大的农业税费收缴的压力，党中央提出要"工业反哺农业、城市支持农村"的基本方略，并出台了一系列支持农业农村发展的政策文件，此时的乡村治理以科学发展观为指导，突出科学治理。党的十八大以来，在习近平新时代中国特色社会主义思想的指导下，乡村治理突显乡村经济、政治、社会、文化和党的建设的全面协调发展，自治、德治和法治并行。党的十八届三中全会通过的《关于全面深化改革若干重大问题的决定》明确将"完善和发展中国特色社会主义制度、推进国家治理体系和治理能力现代化"作为全面深化改革的总目标，实际上就为乡村治理进一步指明了方向。2018 年的中央 1 号文件和当年下发的《乡村振兴战略规划（2018—2022 年）》提出要按照"产业兴旺、生态宜居、乡风文明、治理有效、生活富裕"的总要求实施乡村振兴战略，围绕实施乡村振兴战略的乡村治理全面展开。党的十九届四中全会提出要实现治理能力现代化，乡村治理的现代化已经成为国家治理能力现代化的重要组成部分。

乡村治理必须立足于新时代，在"五位一体"总体布局和"四个全面"战略布局贯彻落实中，建立起党、政府、社会组织、村民等多元主体共建共治共享的治理格局和自治、法治、德治相结合的治理机制。调动各类主体的积极性和主动性，着眼于乡村现代化的发展，围绕实现农业强、农村美和农民富，全面振兴乡村的目标和要求共同开展各项工作。

二、乡村治理的探索和实践

党的十九大报告提出要"加强农村基层基础工作，健全自治、法治、德治相结合的乡村治理体系"，党的十九届四中全会提出要"实现治理能力现代化"。如何推进乡村社会治理引起了各地的足够重视。笔者在调研中看到，各地纷纷创新乡村治理体制，改进治理方式，探索具有中国特色的乡村善治之路。

（一）党建引领自治，破解基层治理难点

很多村庄都构建了以村党支部为领导，以村委会为自治主体，以群团组织、社会组织等共同参与的村民自我管理、发展模式，形成了"事情共商、资源共享、问题共解、秩序共管"的治理工作格局。江西省分宜县杨桥镇庙上村是第七批"全国民主法治示范村（社区）"，该村把基层党建与乡村治理紧密结合起来，把自治、法治、德治贯穿其中，充分发挥村级党组织的战斗堡垒作用，成立了由村党总支部书记为组长的民主法治建设领导小组，将民主法治建设工作提上重要议事日程，建立村干部学法用法档案，健全各项民主制度，实行民主决策与民主管理。依托"金牌调解队"，开展法治宣讲，提升村民法律意识。庙上村也从过去的"麻烦村"变成了如今的"和谐村"，这个村已成为全国以党建助推基层法治建设的一个缩影。

（二）弘扬德孝文化，崇德向善聚人心

山西省运城市盐湖区龙居镇雷家坡村以弘扬德孝文化为着力点，不断创新手段，丰富载体，聚拢人心。2010 年以来，该村以"老年日间照料中心、德孝大讲堂、农家书屋、基层文艺演出队伍、基层志愿者服务队伍和德孝文化墙"六位一体的德孝文化苑建设为平台，深入开展了"寻找最美盐湖家庭、雷家坡村夸媳妇比赛""清明德孝礼""树家风传家训活动之金榜题名感恩父母"

等一系列德孝文化实践活动。全村先后涌现出盐湖区十大孝顺媳妇刘爱样，盐湖区"百佳孝顺媳妇"黄小改、张秀芳等一大批德政楷模。每年春节和重阳节期间，该村给六十岁以上的老人发放慰问品，每年每人发一套夏装、一套冬装，每年给老年人唱一台大戏，建立农村老年人日间照料中心多元化运行模式。在全村党员和群众的心灵中播下了德孝的种子，形成了健康向上的新民俗。在德孝文化的熏陶下，雷家坡村凝聚起了党员群众共建美丽乡村的磅礴力量，人人都是受益者，孝老爱亲志愿者服务队伍越来越壮大。

（三）领头人物调解，随时处理基层问题

湖南省安化县城南区中砥村有个"谌小菊工作室"，这里是全村人最熟悉、被称作"村民事务110"的地方。从2013年设立起，谌小菊每年接待群众1 200人次以上，从处理各种民生事项，到为村民提供技术帮助，再到法律咨询，最后化解各种矛盾纠纷，这里成为村民乐意去咨询并能及时得到反馈的地方。谌小菊也从一名计生专干成长为中砥村的村党支部书记。不管在什么时候，只要村民有疑问，谌小菊都耐心给村民解疑。她的工作日记上记满了村民的各种诉求信息，还记着村民的手机号码，更记得村民何时需要援手。她倾听民意，帮助村民解决邻里纠纷，常年奔走不倦。"有事找小菊"也成了中砥村村民的口头禅。村民说："小菊把全村人都装进心里，我们把她记在心中。"谌小菊全心全意为民办实事，为村里谋发展，乡亲们看在眼里，也纷纷加入到乡村建设的队伍中来。

（四）再学枫桥经验，及时化解基层矛盾

枫桥经验是20世纪60年代初"四清运动"的产物。毛泽东对浙江诸暨枫桥"一个不杀，大部不捕""文斗摆事实、讲道理，以理服人"的做法，表现出极大兴趣，当即表态，这就叫矛盾不上交，就地解决。枫桥经验是我国基层治理的优秀典型，伴随着中国特色社会主义建设的伟大实践，被赋予了丰富深刻的时代内涵。以人为本始终贯穿于枫桥经验治理实践中，这也是枫桥经验的精神实质。依靠群众"摆事实、讲道理，就地化解矛盾"是枫桥经验的重要内涵之一。在新时期，枫桥镇积极探索"立足于早、立足于小、立足于激化前"的矛盾解决模式，推动建立多方参与、多面分布的"大调解"格局。依靠群众建立"大调解"机制，建立新型基层综治信息平台，引入基层管理信息系统，不仅提高了基层治理的现代化水平，还实现了公共服务的精准化、个性化，真正解决老百姓的实际困难，把社会矛盾扼杀在萌芽状态，有效维护了社会稳定和谐。枫桥经验虽然历经中国社会沧桑变化，却始终坚持以人为本、实事求是的精神实质，坚持与时俱进、发展创新的理论品质，走出了一条经济发展、社会进步、治安稳定、人民安居乐业的新路子，乡村社会出现了"矛盾少、治安好、发展快、社会文明进步"的良好局面，

（五）加强网格管理，确保信息渠道畅通

浙江省在乡村治理上采用了"网格化管理，组团式服务"的模式，自2012年推广至今，出台了一系列相关支持政策进行网格化管理，大大提升了乡村社会治理的效率，形成了较为成熟的运行机制。这里以平湖市的乡村网格划分为例进行分析，行政村以自然村落、农民新村、片组或党员先锋站覆盖区域等为划分单元，辖区内有工业园区或企业较为集中、情况较为复杂的区域单独建立网格。网格按照"一格一员""一格多员""一员多格"的网格管理模式，网格员有专职也有兼职。在新埭镇姚浜村，4个网格的网格长由村干部担任，网格员由村民小组长担任。网格员承担信息采集和传递的任务，采集人口、房屋、场所、组织等基础信息以及矛盾纠纷、安全隐患、群众诉求等动态信息，依托"平安建设信息系统"的网络平台，及时录入。平湖市构建了市镇村三级事件处置网上网下一体联动工作体系，按照涉事性质和严重程度，对网格员采报的动态信息分为三个等级，交由村社区、镇街道和市逐级受理，紧跟着督察考评，确保上报的信息"事事有着落、件件有回音"。

（六）寻找治理根基，促进乡村社会和谐

乡村社会组织根植于民间，在协商集体事务、推进公益事业、组织志愿服务、传承优良传统等方面发挥着非常重要的作用。笔者在安徽省绩溪县尚村调研时，发现了"积谷会"这一存在了百余年的社会组织，其发展为探索社会组织参与乡村治理提供了有益的启示。早在1913年，为解决百姓口粮短缺问题，尚村村民合议成立了积谷会。在兵荒马乱的年代，积谷会的粮仓是老百姓的救命粮仓。老百姓之间通过积谷会建立了深厚的感情，彼此信任，互相帮助。积谷会如今虽然不用积谷了，但是在当地人心中埋下的互帮互助种子却发芽了。2014年，尚村恢复了积谷会，村民积极参与，积谷会成为政府部门的好助手，积极发动村民参与村落保护与开发；成为联结外界的桥梁，吸引了来自各行各业人士关注村庄的发展；成为乡风文明的践行者，带领村民增强"文化自觉"意识。像积谷会这样的社会组织，其成员从群众中来，生于斯、长于斯的人们对自己的家乡有着无法割舍的深厚感情。他们了解当地社会生活方式，了解当地风土人情，熟悉周围的人，知道如何才能更好地与群众打成一片。在凝聚农民的力量共谋发展过程中，一些内部矛盾都能够自然化解。

（七）培育社工组织，搭建村民交流平台

浙江省平湖市以政府购买服务的形式引入社工组织，探索以第三方介入的形式开展服务，推动村庄和谐发展，其创新性的做法和实践值得探索和推广。平湖市曹桥街道野马村在拆除违章猪棚时，老百姓对政府改善生态环境的初衷不理解，工作难以开展。为此，平湖市政府通过招标选择青鸟社工机构，购买社工服务，希望社工能在其中做一些工作。2016年5月，青鸟社工服务中心

正式入驻野马村。社工人员全职工作，同时广泛招募志愿者，开展"邻里守望"志愿服务，因地制宜地成立帮扶小组，关爱身边需要关心的人，陪他们聊天、晒太阳，完成一些小心愿，让困难村民感受到社工和其他群众的关怀之情。很多村民更愿意和社工交流，社工在收集村民的意见之后及时与村委沟通，使乡村建设工作开展更加顺利。社工号召广大村民共同参与广场舞，既带动村民锻炼身体，又搭建了交流沟通平台，并利用广场舞中间休息时间开展政策宣传，以视频等方式展示"生猪减量"工作前后村容村貌的巨大变化以及国家各项最新政策。这样自上而下与自下而上相互配合，各项工作得以顺利推进。

（八）建设德育银行，利用积分促进治理

为了探索乡村治理的有效实现形式，山东省青岛市西海岸新区宝山镇将提升乡村文明程度作为乡村振兴之"魂"，2020年起，在镇、村两级党组织的领导下实施德育银行项目，以小积分撬动乡村大治理，将农民主动参与村庄各项公共事务的行为进行具化和量化，把"村事"变为"家事"，使乡村治理中有些事务"没依据、没抓手、没人听"的问题得到有效解决，推动形成了文明乡风、良好家风、淳朴民风。这是一种激励村民参与村庄公共事务的乡村治理模式。在基层党组织领导下，乡村模仿银行运行模式，为每个农户建立账户，建立评价指标体系，通过科技赋能终端设备记录农民的点滴行为，展现农民的品行，通过积分兑换服务站兑换日常生活用品实现对农民家庭的量化评价和激励引导，引导农民自主自愿参与乡村各项公共事务，形成"党建引领、体系支撑、积分牵引、科技赋能"的乡村治理运行机制。宝山镇的德育银行项目，在44个"网格村"已经全面推广实施，2万余人参与。作为一种具有实效性的德育管理模式，德育银行正在发挥越来越重要的作用，同步带动了乡贤返乡促进乡村发展的态势，为司法局、妇联、红十字会等单位工作下沉乡村提供了便捷。德育银行正汇聚更多资源力量助推乡村治理，助力乡村振兴。

（九）四议两公开，推动民主决策监督

"四议两公开"工作法2004年发端于河南省邓州市的农村基层推进民主自治管理的探索，就是所有村级重大事项必须在村党组织的领导下，按照程序吸引广大群众的广泛参与。一是党组织提议。在村级建立了党员联系群众、村民代表联系户、决策事项评估等一套收集群众意见的制度，包括"党员议事日"制度和支部委员"家访"党员制度以及挂钩联系群众制度等，充分听取广大党员、群众反映的热点难点问题，详细掌握党员、群众的所需所想所盼。二是村"两委会"商议。村党组织和村民委员会根据议案情况组织班子成员充分讨论，对意见分歧比较大的事项采取举手、无记名投票等方式表决，按照少数服从多数的原则形成商议意见。三是党员大会审议。村"两委"商定的重大事项提交

党员大会讨论审议。在党员大会审议前，所审议事项须在党员中充分酝酿并征求村民意见。四是村民代表会议或户代表会议决议。在村党组织领导下，由村委会主持，召集村民代表会议或户代表会议对党员大会对党组织通过的事项讨论表决。五是决议公开。一旦通过以后，决议就在村务公开栏或其他媒体进行公告，让具体落实的人放心大胆去做，让广大群众共同监督，有效预防权力的滥用乱用，及时化解矛盾和问题。六实施结果公开。及时公开实施结果，把村级事务的主观意愿变成看得见、摸得着的民主实践，由村民来检验决策效果，争取群众支持，赢得群众认可。"四议两公开"工作法让党支部、村委会"两张皮"变成了"一盘棋"，理清了村干部的工作思路，理顺了干群关系，明确了农村基层组织的工作方向，实现了农村干部工作的标准化、规范化、制度化，集中了民智，汇聚了民力，解决了部分干部村民不愿干、不敢干、不会干的问题，推进了农村的改革发展。该工作法 2018 年被写入了《中国共产党农村基层组织工作条例》，已经成为基层工作的一项制度。

（十）街乡吹哨，部门报到

北京市平谷区立足实际，围绕乡村治理、服务群众等民生工作推动决策部署转化落地，在 2017 年 1 月 6 日启动的"双安双打"专项行动的基础上，探索出了"街乡吹哨、部门报到"的乡村治理路径，打通了乡村治理的"最后一公里"。明责，把各单位的法定职责"亮"出来，实现事事有人管；明权，明确各单位的法定权力，明确属地和部门的权责关系，有效杜绝"权力上行、责任下行"问题，把权责脱离变为权责匹配；明法，对各部门执法过程中涉及的法律法规进行全面梳理，做到有法可依。制定三张清单，即全链条问题清单，要求对全境全要素全链条问题进行排查，全面列出问题环节点位要素，这既是"靶子"，是整改的方向，也是街乡准确召集相关职能部门的依据；权责清单，根据问题清单，通过执法情境、执法空间、执法对象确定法律依据，明确执法主体及其法定职权和责任，将法条吸附于具体问题上，避免属地乱吹哨、部门推诿扯皮，同时减少行政沉没成本；绩效清单，通过运用权责清单对问题清单销账的方式，体现问题解决的进度和效果。街乡吹哨后，一件事情可能需要多个部门参与解决，需要确定主责单位和配合单位，做到"一门主责、其他配合"。构建党建引领强化作风保障、"三在一听"强化机制保障、模拟问责强化纪律保障。"街乡吹哨、部门报到"是创新乡村治理，推动治理体系和治理能力现代化的重要探索；也是解决乡村中面临的产业发展、环境污染、安全生产等现实问题的重要举措。这一"吹哨报到"机制不仅在平谷区的乡村治理中得到广泛应用，而且在城市治理和北京市其他区域也得到不断推广。

综上只是部分地区的实践和探索，从这些实践可以看出，乡村治理离不开基层干部的创新，离不开农民群众的主动参与，离不开各类社会组织的配合。

由于我国农村社会经济发展水平、历史文化因素等存在着巨大的差异，乡村治理的探索也各不相同，还有一些地方的"村民说事""民主恳谈会"等都在当地取得了明显成效。哪种乡村治理路径合适，还得实事求是，结合当地发展情况而定。

三、疫情对乡村治理的检验

从 2020 年初开始的防控新冠肺炎疫情对乡村治理体系和治理能力是一次大考。此次新冠肺炎疫情，随着返乡人员的大规模流动，导致扩散速度加快、防控难度增大，对乡村治理体系和治理能力提出了极大挑战。尽管如此，疫情发生后，各地农村基层党组织在统一指挥下迅速行动，带领广大党员、群众、社会组织积极参与，采取了一系列有效措施，确保农村疫情防控工作平稳有序，取得了较好效果。但是在疫情防控中也暴露出了一些问题和短板，应以疫情防控为契机，进一步健全乡村治理体系建设，创新治理方式，提升治理能力，夯实乡村振兴基层根基。

（一）疫情防控中乡村治理好的做法

疫情就是命令，防控就是责任。广大乡村充分发挥中国共产党领导的政治优势，第一时间作出积极反馈，依托现有的乡村治理体系在疫情防控中极尽发挥作用，利用强有力的组织力、动员力和执行力，最大限度地调动农民群众和社会组织的积极性，为各级政府集中精力防治和阻击疫情蔓延与扩散赢得了宝贵的时间，节约了大量珍贵的人力、物力和疫情防控资源。一些好的做法将是乡村治理体系建设中必须加以强化的。

1. 党组织发挥战斗堡垒作用　农村基层党组织是党在农村全部工作和战斗力的基础。乡、村两级干部在疫情防控中发挥了主体作用，特别是村级党组织发挥了战斗堡垒作用。绝大部分村庄都能够按照上级和有关部门的要求，第一时间召开村组干部会议，安排部署全村防疫工作，村两委干部全部排班、包组、包片、包重点路段并建立疫情防控台账，24 小时轮岗值守，严把进出村的各个路口，严格排查、登记和安排隔离，并做好送菜送饭等服务工作。村里的"大喇叭"在防疫宣传上发挥了重要作用，许多村在醒目位置张贴通知、通告、宣传画册，劝阻农民群众拜年、走亲访友、聚餐等活动，不少村庄推迟或取消举办喜事，减办丧事，最大可能减少人员聚集。例如，新疆维吾尔自治区伊宁县英塔木镇充分发挥镇、村以及卫生医疗、教育等部门党组织作用，成立了 9 支党员先锋服务队，采取带头分片包干、全覆盖登记排查等方式，逐户逐人统计摸排。喀什镇设置了党员流动车，为农牧民集中采购生活必需品并送货上门，全力保障群众生活物资的供应需求。

2. 网格化管理提高防控效率　不少村庄的网格化管理方式提高了疫情防

控的组织和宣传效率。浙江省建立了比较健全的"横到边、纵到底"网格体系，网格管理员最清楚网格内居民的情况，能及时通过网格信息平台完成人员统计、信息上报、防控要求下达以及日常监管。一些农村网格员将私家车"改装"成疫情防控宣传车，宣传防疫知识，帮助孤寡老人、残疾人士等弱势群体解决生活困难问题。有的村庄虽然没有网格化信息平台，但是实行村干部包组、党员包户、包人，将责任层层分解，逐层压实。新疆维吾尔自治区伊宁县萨木于孜镇布拉克村农牧民阿布太力甫·阿丹尼和木卡买提艾力·吾拉孜巴依认真学习防疫知识，并向村委会主动请缨，每天用自己的私人车辆，拉着移动音箱，逐巷道地进行疫情防控知识和注意事项的宣传。其巴尔吐别克村农民党员梁勇对过往车辆进行登记、消毒、测量体温。他说："越是艰难越向前，只有我们党员带头支持配合村两委疫情防控工作，才有更多的老百姓支持和配合我们抗击新冠肺炎的工作。"

3. 调动各类社会主体共同参与　广大农民群众是农村疫情防控的主体，各地将农民的积极性和主动性调动起来，共同阻击疫情。四川省眉山市东坡区秦家镇将新冠肺炎疫情防控融入"村规民约"，采取"片长制＋村规民约"的方法，形成全体村民共同约定、共同参与、共同监督的防控工作格局。不少村庄的乡村教师、医生、新型经营主体、返乡年轻人成为疫情防控的志愿者，积极发挥作用，辅助乡村干部做好日常管理工作。黑龙江省海林市某村庄，村医每天通过视频指导村民正常消毒和进行室内通风。湖北省十堰市某村，返乡年轻人承担起向家人、村民和社区居民宣传疫情知识和辟谣的工作。面对来势汹汹的新冠肺炎疫情，伊宁县发布疫情防控志愿者招募令，累计招募千余名农村志愿者。维吾尔玉其温乡维吾尔玉其温村返乡大学生马婷婷就是其中一员，在她的带动下，村里青年人也纷纷加入志愿者队伍中。他们在路口执勤，对过往车辆及人员实施疫情排查；挨家挨户发放宣传单，对进出人员测量体温，并积极收集群众生活诉求，第一时间反馈给村干部。胡地亚于孜镇下胡地亚于孜村的志愿者们每天开着流动宣传车逐巷开展巡防宣传工作，向村民宣传防疫知识，劝导群众少出门、勤洗手、常通风。

4. 治理手段创新提高了防控效果　新媒介平台和沟通渠道被广泛应用到农村疫情防控中，如微博、微信、快手、抖音等。新媒体利用其传播速度快、效率高的优势大大提高了疫情防控政策和知识的传播速度。不少村庄还将疫情防控知识改编成老百姓喜爱的、通俗易懂的段子，开展宣传，增强村民自我防控的意识和能力。很多村庄还建立了村庄防疫微信群，微信群既是"政策通知发布平台"，也是"知识加油站"。村干部利用微信群及时传达通知、统计信息、分享违法案例和防疫知识，让大家及时知晓配合，心里敞亮明白，引导村民勤洗手、戴口罩、懂科学、听官宣、不信谣、不传谣，让农民有序参与到疫情防控的阻击战中,既开展了工作、维持了秩序,也凝聚了民心。

(二)应对疫情中反映出的乡村治理的突出问题

疫情防控中也暴露出了乡村治理的一些短板和问题,例如,乡村治理中的不平衡不充分、治理手段不科学等都值得深思。这也能倒逼乡村治理体系的完善和能力的提升。

1. 乡村治理不平衡较为突出　各地对疫情的反应速度、动员能力、防控方式存在明显差异。一些发达省份利用网格化管理体系,不封路、不封村,做好了疫情防控,但在一些省份的少数村庄防控能力还显不足。有的地方认识不到位,村庄道路上很少见宣传防疫基本知识和相关政策的横幅,村民还聚在一起打牌、串门、聊天。不少村庄还存在体温监测走过场,看到熟人就放行,隔离人员随意走动等问题。

2. 治理方式的简单粗俗化　很多村庄在防疫过程中采取所谓的"硬核"措施,如用渣土将进村路封堵,或砌上砖墙、石墙,有的甚至直接将路挖断,这些措施虽然能起到严防输入的效果,但是也带来了农业生产资料和农产品运输渠道中断、应急医疗的生命通道切断、老弱病残缺乏照顾等后果,在一些地方还发生了老人脑出血因"封村断路"影响救治的案例。有的村庄劝返、围追堵截返乡人员尤其是高风险地区的返乡人员,让返乡人员陷入回不了城、进不去村的尴尬境地。还有的村干部到村民家抓打牌娱乐,引发冲突和矛盾。一些村庄的标语简单粗暴,如"带病回乡不孝儿郎,传染爹娘丧尽天良""今年到处乱跑,明年坟头长草""拜年就是害人,聚餐就是找死"等,缺少乡村的人文关怀,也折射出乡村文化建设的不足。

3. 应对突发事件能力存在短板　基层公共卫生整体功能较低,对于一些县城医院,医疗救助短板明显,隔离病房、救护设备、救护物资等捉襟见肘,专业的医护人员更为紧缺。乡村的医疗资源匮乏,行政村中往往只有几名村医甚至只有一名村医,"以一管百""以一管千"是常态,疫情发生时很难做出应对。农村居民应对突发公共卫生事件的风险意识和公共卫生知识水平等方面存在明显不足。基层卫生机构公共卫生知识水平、风险认知水平、应急管理水平和应急能力也普遍偏低。村干部在应对突发事件和化解社会矛盾方面的能力和经验储备严重不足。还有一些村民由于被迫隔离,缺乏必要的心理疏导,甚至引发事端。

4. 运用新手段管控的能力不强　部分年纪较大村干部"线上"办公能力明显不强。一些村还缺少电脑等硬件设备,有的即使有电脑,但是会用的人不多,更难发挥信息化手段应有的作用。还有一些村的通信系统不够完善,网络的通达程度和通畅程度都不能满足管控的需要。对村庄的微信群消息的管控能力比较弱,虽然很多村的微信群采取了"备注实名""认证进群"等方式加强管理，但群内每个人都可以随意发送文字、视频、图片等，信息是真是假，只能由村民自行辨别，信息监督力度略显不足。一些不实消息、无用信息既干扰了村民的生活，妨碍村民获取重要信息，又容易造成谣言扩散，误导群众，造成恐慌心理。

四、朝着乡村治理能力现代化的目标迈进

为了建设一个充满活力、和谐有序的乡村社会，2019 年，中共中央办公厅、国务院办公厅印发了《关于加强和改进乡村治理的指导意见》（以下简称《意见》），明确提出了我国要在 2035 年基本实现乡村治理体系和治理能力现代化的目标，为乡村治理指明了方向，也提出了具体措施。各地正在落实过程中，事实证明，乡村治理的目标是正确的，实现治理体系和治理能力现代化是一项艰巨的任务，必须在党的领导下，坚持自治、法治和德治相结合，走乡村善治之路。

（一）加强基层党组织建设是乡村治理的重要基础

加强和改进乡村治理，坚强的农村基层党组织是基础，优秀的农村基层党组织书记是领头羊。《意见》指出，首先，要抓实建强农村基层党支部。把优秀的人才吸收到党组织中来，个别可以吸收到村两委的领导班子中来，把受过刑事处分、存在"村霸"和涉黑、涉恶等问题的人坚决清理出村干部队伍。其次，要加强村党组织对村级各类组织的领导。加强对村民委员会、农村集体经济组织、村级合作经济组织，还有其他的一些群众性自治组织、新型经营主体等乡村治理的主体的领导，厘清基层党组织与这些主体之间的治理边界，明确权责归属，理顺利益关系，努力在实践中形成平衡的治理结构和协同的互动关系。再次，要压实基层责任。采取多种形式，如网格化管理、党员户挂牌、设岗定责等，推动党员在乡村治理中带头示范，深入群众，了解群众，帮助群众。加强对脱贫人口、低保对象、留守儿童和妇女、老年人、残疾人等人群的关爱服务。最后，要加强考核管理。将改进乡村治理纳入乡村振兴考核体系，将乡村治理工作作为基层党建述职评议考核的重要内容，推动层层抓落实。

（二）完善村民自治是乡村治理的内生动力

广大农民群众是乡村社会的主人，他们的自我发展能力是实现乡村"善治"的重要资本。村民自治在体现村民意志、保障村民权益、激发乡村活力等方面具有重要作用，应通过引导各类农村基层组织、社会组织和村民个人有序参与农村发展事务，在具体治理过程中健全党组织领导下的村民自治机制，形成一种集体性的理念共识，提升农民群众自我管理、自我服务水平，以自治来消化矛盾。《意见》强调，健全村级议事协商制度，形成民事民议、民事民办、民事民管的多层次基层协商格局。创新协商议事形式和活动载体，依托村民会

议、村民代表会议、村民议事会、村民理事会、村民监事会等，切实维护和保障农民在乡村治理中的知情权、参与权、表达权和监督权，鼓励农村开展村民说事、民情恳谈、百姓议事、妇女议事等各类协商活动。在乡村治理的具体事务上，应将政府的主导责任更多地体现在引导、鼓励、支持、服务等方面，确保广大农民能够运用适宜的平台、有效的渠道来表达合理诉求、维护合法权益，运用智能化、信息化手段，探索建立"互联网＋网格管理"服务管理模式，增强村民自我管理、自我服务功能。健全乡村矛盾纠纷调处化解机制和相关的纠纷解决机制，提高响应群众诉求和为民服务能力水平。完善调解、仲裁、行政裁决、行政复议、诉讼等有机衔接、相互协调的多元化纠纷解决机制。

（三）提升法治化水平是乡村治理的迫切要求

以法治定分止争，这是乡村治理的迫切要求。2020 年，中央全面依法治国委员会印发《关于加强法治乡村建设的意见》也明确了法治乡村建设的要求、任务和实施要求，为国家治理体系和治理能力现代化注入新鲜血液，必将推动乡村治理更加精准、有效。提高乡村法治化水平，一要加强立法。要制定与乡村治理有关的法律法规，在地方立法和行政规范性文件制定中拓宽征求村民意见的渠道，提高法律和政策制定的实效性和精准性。引导村民依照法定程序制订和完善村民自治章程、村规民约。二要加强农村法律服务供给。充分发挥人民法庭在乡村治理中的作用，加强村法律顾问工作；深入开展农村法治宣传教育，大力开展"民主法治示范村"创建，深入开展"法律进乡村"活动，培育一批"法治带头人"；组织实施"宪法进万家"活动，提高农民宪法意识；研究制定"民主法治示范村"建设考核标准，强化动态管理，探索建立第三方评价机制，提升创建工作水平。三要规范基层执法程序，严格按照法定职责和权限执法，将各项涉农事项纳入法治化轨道，严厉整治和打击各种违法犯罪活动。

（四）提高德治水平是乡村治理的内在需要

以德治春风化雨，提升治理的质量需要提高德治水平，要践行社会主义核心价值观，让习近平新时代中国特色社会主义思想扎根在农村，让伟大的中国梦深入人心。要加强对不良习俗的整治，发扬传统美德，积极重构乡规民约和乡里制度，着力发掘乡风、家风、民风及乡史、村史、家史，用印迹乡村等形式推进村落共同记忆的回归，发挥文化对乡村治理的涵育和滋养功能。实施乡村文明培育行动，推进文化治理。整合农业农村部门、文化旅游部门、社会团体、本土村民的力量，优化乡村文化建设的内外部环境，让多元主体协同通过文化建设作用于公共事务，鼓励乡村农耕文化的活态化保护、开发式传承、整合性创新，实现文化建设与乡村治理联动。建立道德讲堂、文化主题公园、文化礼堂等阵地，为民众提供文化服务，增强民众的文化获得感，引导人们讲道德，遵守道德规范，通过文化传统引导民众自我教育、自我管理。开展"道德模范""最美家庭"等评选活动，发挥身边榜样的示范带动作用，促进形成守望相助、崇德向善的文明乡风。

（五）加大试点推广力度是乡村治理的重要抓手

乡村治理的路径需要结合各地实际不断探索，因此，要加大乡村治理的试点示范力度，扩大试点范围，巩固成效。一方面要加强对试点工作的指导并扩大试点范围，探索乡村治理体系和治理能力现代化建设的中国智慧和中国经验。2019年，中央农办、农业农村部牵头，会同中央组织部、中央宣传部、民政部、司法部在全国确定了115个县（市、区）作为首批开展乡村治理体系建设试点示范，探索共建共治共享的治理体制、乡村治理与经济社会协同发展的机制、乡村治理的组织体系、党组织领导自治法治德治相结合的路径，完善基层治理方式、村级权力监管机制，创新村民议事协商形式、现代乡村治理手段。试点范围还将进一步扩大。另一方面，要加强经验总结，对好的经验模式要尽快推广。要吸纳乡村固有治理资源，重视乡村社会智慧治理，凝聚发展共识，发挥这些乡村治理先进典型的引领示范和辐射带动作用，让更多的乡村学到可复制、可推广的"三治结合"的新路径、新模式、新经验，推动中央关于乡村治理的政策在基层落地生根。

（六）鼓励多组织参与是乡村治理活力所在

乡村存在形式多样的社会组织，如妇女组织、老年人协会、专业合作社、红白理事会、志愿者服务组织等，有些是依赖于传统的血缘和地缘关系形成的，有些则是利用现代市场和趣缘关系形成的，它们都是乡村治理的有效载体。乡村社会组织在整合各种社会资源、提供公共产品和社会服务等方面存在着重要的作用，这些组织还有较强的自治能力，积极培育和发展这些社会组织可以实现政府职能转变。要引导农民在自愿的基础上参与到各类社会组织中，通过公益创投、委托、购买服务、设立专项资金、补贴活动经费等方式，引导社区组织向村民提供他们最关切最急需的服务项目，实现基层管理服务与村民需求的无缝对接，形成基层服务的合力。通过社会组织实现乡镇行政管理与村民自治的有效衔接，增加农村公共物品的供给，促进农村社会和谐稳定。

"十四五"时期乡村治理的思路和举措

乡村治理是国家治理的基石。加强和改进乡村治理，是实现乡村全面振兴、满足广大人民群众美好生活期待的必然要求。"十三五"时期乡村治理取得了重大成就，乡村治理统筹推进体系基本建立，试点试验稳步推进，治理能力不断提升。党的十九大提出"加强农村基层基础工作，健全自治、法治、德治相结合的乡村治理体系"，明确了新时期乡村治理的思路。党的十九届四中、五中全会对乡村治理提出了新的要求，为"十四五"时期的乡村治理工作提供了基本遵循。"十四五"时期的乡村治理必须围绕实现"推进国家治理体系和治理能力现代化"的目标不断推进和创新，为全面实现乡村振兴奠定坚实的基础。

一、"十三五"时期乡村治理的成就

"十三五"时期，我国在加强和完善国家治理上取得历史性成就，与此同时，乡村治理工作也得以全面部署和顺利推进，并取得了重大成就。

（一）新时代乡村治理统筹推进体系基本建立

在国家层面，2018 年中央和国家机关机构改革后，中央农村工作领导小组办公室（简称"中央农办"）和农业农村部被赋予了"统筹推动乡村治理体系建设"的新职能。为了加强统筹协调、形成合力，中央农办牵头建立了全国加强乡村治理体系建设部际联席会议制度，由农业农村部等 10 多个部门作为成员单位，共同协商和推进乡村治理的相关工作。在省级层面，有 20 多个省份先后成立了领导小组，并建立了相应的部门联动工作机制，定期会商，多部门协调推进乡村治理的工作格局基本建立。

（二）乡村治理目标和任务更加清晰

党的十九大以来，中央对乡村治理做出了明确部署，为加强和改进乡村治理指明了方向，明确了目标和任务。2019 年 6 月，中共中央办公厅、国务院办公厅印发了《关于加强和改进乡村治理的指导意见》，提出到 2020 年和 2035 年的乡村治理建设目标，2020 年乡村治理的目标是：现代乡村治理的制度框架和政策体系基本形成，农村基层党组织更好发挥战斗堡垒作用，以党组织为领导的农村基层组织建设明显加强，村民自治实践进一步深化，村级议事协商制度进一步健全，乡村治理体系进一步完善。到 2035 年，乡村公共服务、公共管理、公共安全保障水平显著提高，党组织领导的自治、法治、德治相结合的乡村治理体系更加完善，乡村社会治理有效、充满活力、和谐有序，乡村治理体系和治理能力基本实现现代化。各级各有关部门围绕加强基层党组织的建设、村民自治、法治乡村建设、乡风文明等方面的目标要求，先后探索了一系列模式和路径。

（三）乡村治理试点示范工作有效推进

"十三五"期间，为了推动各地借鉴典型经验做法，因地制宜探索乡村治理模式，中央农办、农业农村部、中央宣传部、民政部、司法部共同认定了北京市平谷区刘家店镇等99个全国乡村治理示范镇和北京市海淀区温泉镇白家疃村等998个示范村。为了探索"三治结合"的路径和方法，中央农办、农业农村部联合中央组织部、中央宣传部、司法部、民政部等在全国115个县（市、区）围绕8个方面内容开展乡村治理的试点。在防止"微腐败"上，推行基层公权力"三清单"运行法；在发挥村民自主监督上，通过"村民说事"、社区服务工作等形式让村民参与议事；在推进"积分制"运行上，积极探索以信用为抓手的积分管理模式，及时兑现奖惩措施；在抑制婚丧陋习和天价彩礼上，探索依靠村民自治力量和集体婚礼等适当方式抑制不良风气；在农村妇女参与上，注重吸纳妇女在乡村文化建设、环境建设等方面发挥作用。通过首批试点，探索路径方法，健全政策制度，打造典型示范，形成工作抓手。

（四）乡村治理相关主体积极参与

注重强化农村基层党组织建设，加强党对乡村治理的全面领导，实现乡村治理和为民服务的有机结合，如上海市崇明区的"党建叶脉工程"，构建"组织全覆盖、管理精细化、服务全方位"的党建引领精细化乡村治理模式。创新村民协商议事的形式，发挥农民群众参与的积极性和主动性，让农民群众真正成为乡村治理的主力军和受益者，如江苏省南通市海门区的"四民工作1＋1"，完善了村务公开和民主议事制度，让群众真正享有知情权、参与权、管理权和监督权。引导多元主体参与，建立共建共治共享的格局，如浙江省平湖市以政府购买服务的形式引导社工组织积极参与乡村治理工作，大大缓解了干群矛盾，提高了党的农村政策的执行力。

（五）乡村治理能力水平明显提升

乡村治理体系不断完善以后，越来越多的好经验好做法以适宜的方式在各地"生根发芽"。相关主体积极努力，采取网格化管理等手段，充分发挥农村基层党组织的作用，不断创新村民议事协商形式，深入推进法治乡村建设，加强乡风文明建设，不断向乡村下沉公共服务资源，大幅度提升乡村治理能力和水平，广大农民群众的获得感、幸福感、安全感明显增强。江西省新余市渝水区建立"党建引领、五力聚合"的乡村治理模式，推动了乡村治理与经济社会协调发展。面对突发的新冠肺炎疫情，新时代的乡村治理体系的效果得到充分检验，在农村地区疫情的联防联控、人居环境建设等方面发挥了十分显著的作用。

二、当前乡村治理存在的突出问题

当前，我国正面临百年未有之大变局，城乡关系处于深刻调整之中，在新老问题交织、现代与传统碰撞、各种风险叠加的新形势下，乡村治理还面临一些突出问题，正如党的十九届五中全会公报所指出的"民生保障存在短板，社会治理还有弱项"，只有实现乡村善治才能保障乡村振兴战略的顺利推进。

（一）基层党组织能力参差不齐

基层党组织带头人是乡村治理的重要领导力量。实践证明，基层党组织带头人的能力越强，乡村治理成效越显著。目前，仍然还有一些农村地区基层党组织引领作用不足，党员队伍后继力量不足，缺乏年轻且愿意做群众工作的人。一些乡镇治理机制建设弱化，村民自治机制运转不灵。随着乡村治理内涵越来越丰富，对村委会自治能力、协调能力提出了更高要求，对村干部自身能力提出了更大的挑战。

（二）农民参与乡村治理程度低

现在农村"空心化"，家庭"空巢化"，农民"老龄化"，村民主体地位"淡化"等现象普遍，村民乡村治理参与率也相对较低。在一些自然村中，很多村民缺乏参与民主管理的积极性，乡村治理目标达成难度加大。不少村庄的村规民约条目多，内容基本一致，无法体现当地特色，操作性不够强；村民参与制定村规民约的积极性还不够，甚至没有真正从内心接受和认可村规民约，导致村规民约成为"挂在墙上"的文字。乡村治理本身应当惠及乡村广大人口的积极作用无法充分显现。多元参与机制不够完善，志愿者服务等各类社会组织孕育发展缓慢，而且也缺乏相应的监督保障机制。

（三）乡村治理手段较为单一

当前乡村治理手段整体单一。在科技支撑方面明显不足，一方面缺乏数字化管理系统，另一方面也缺乏会使用数字管理系统的人才，无法实现信息化、网格化全覆盖，在自我管理方面，自治与法治协调机制尚不够完善。在一部分农村，陈规陋习和不良风气仍然存在，少数群众出现了道德滑坡现象。一些村委会服务和管理缺位，群众参与度较低。在矛盾纠纷化解方面，尚未构建起有序有效的多元化纠纷解决机制，一些潜在的矛盾纠纷隐患难以及时排查发现，即使发现后也不能及时介入、有效化解，没能把矛盾纠纷化解在基层、解决在萌芽状态，一定程度上影响了社会稳定。

（四）乡村治理体制还不完善

不完善的乡村治理体制势必导致治理效能无法充分发挥。从国家层面看，乡村治理涉及较多的部门参与，依靠联席会议制度来推进乡村治理工作的效率尚无法评估。从基层来看，党的领导、政府管理、村民自治等之间的关系还没有完全理顺。

（五）法治观念有待进一步深入

一方面，经过这些年的依法治国实践，法治在乡村治理中的作用日益显现。另一方面，乡村治理主体运用法治思维和法治方式开展治理的能力仍显不足，小农意识、宗族观念在基层仍有一定市场。少数村干部不依法办事，侵犯群众权益；部分农民法律意识淡薄，对法律认识不足，依法维权意识不强。

三、"十四五"时期加强乡村治理的总体思路和建议

《中华人民共和国国民经济和社会发展第十四个五年规划和 2035 年远景目标纲要》明确了"十四五"时期社会治理的要求，即"完善共建共治共享的社会治理制度""加强和创新社会治理""推进农村治理体系和治理能力现代化，让农民的获得感、幸福感、安全感更加充实、更有保障、更可持续"等。实际上，这些要求与党的十九届四中全会通过的《中共中央关于坚持和完善中国特色社会主义制度 推进国家治理体系和治理能力现代化若干问题的决定》要求一脉相承。新阶段，新使命，新部署，需要多措并举，推进乡村治理。因此，"十四五"时期加强乡村治理的总体思路是：从巩固党的执政基础和维护国家政权安全的高度，以"提升乡村人民群众的幸福感和获得感"为目标，依托信息技术的集成应用，推进"自治为基、法治为本、德治为先"的三治结合，激发"自治"活力，提升"法治"意识，培育"德治"素养，不断健全体系、完善机制、创新服务，构建城乡治理共同体，提升乡村治理效能和现代化水平。为此，对加强"十四五"时期乡村治理提出如下政策建议：

（一）强化基层党组织的关键作用

乡村之治，关键在党。要坚持和完善党组织乡村治理体系，把党的政治优势、组织优势、制度优势、工作优势真正转化为乡村治理效能。一是优化乡村党组织的组织体系。要加强基层党组织建设，发挥基层党组织的战斗堡垒作用和党员的先锋模范作用。要从人才、制度等各方面强化基层党组织建设，"给钱给物，不如给个好支部"。好支部的标准在哪里？在群众口碑里、发展成效里、为民服务实践中。二是加强党组织的人才队伍建设。要选好配强党支部书记，建立选派第一书记工作长效机制，全面向脱贫村、软弱涣散村和集体经济薄弱村的党组织派出第一书记。要为乡村治理队伍及时"充电补钙"，多渠道多途径开展教育培训，帮助他们提高做好新时期基层工作的能力和本领。注重

吸引高校毕业生、农村致富带头人、农民工、机关企事业单位优秀党员干部到村任职。三是要加强对乡村治理的考核。要以事实为依据，以制度规定为准绳，建立乡村治理考核体系，加强效果评估。以第三方评估为重要参考，向乡村治理改革传递明确的鼓励支持信号，为那些想干事、会干事的农村基层干部解除后顾之忧，营造干事创业的良好氛围。

（二）以信息技术赋能治理水平提升

治理手段的信息化程度在很大程度上决定着治理能力的现代化水平，因此，新时期的乡村治理要顺应数字时代的发展趋势，加强数字乡村建设，提升公共服务和乡村治理的数字化、智能化水平，适度降低对特定管理人员的依赖程度，借助信息化技术开展高效率与高精准度的管理。一是完善基础设施。利用互联网、大数据、物联网、云计算、人工智能等现代信息技术手段改造乡村传统基础设施，对那些空白的村庄要加快建设，促进乡村治理平台与政务云平台全面对接。二是加强科技应用培训。根据乡村治理的特点和要求，以专班集训、在线学习等相结合的方式，加强基层干部在5G、云计算、AI等方面的教育培训，转变唯学历、唯资历的人才评价机制，切不要让好的项目变成了面子工程、形象工程。三是加快信息技术应用。要把乡村全域的相关数据应用在乡村治理的各个方面，各类网格化管理数据统计口径、信息发布使用等，要实现信息和数据的互联互通和实时更新，对乡村治理的问题进行科学研判和监测预警，提高服务群众的效率和水平。四是推动信息共享。通过采集、存储相关数据信息，及时在政务云平台发布，并推动政府相关职能部门的数据共享，提高跨层级跨部门跨领域的治理能力。

（三）调动农民和社会组织参与积极性

乡村治理是一项系统工程，必须站在满足广大人民群众多元化美好生活需要的角度，坚持多元共治，充分发挥社会组织的协同作用，动员社会力量、公众广泛参与乡村治理，大力培育服务性、公益性、互助性农村社会组织，走出一条共建共享的乡村治理之路。一是维护村民委员会、农村集体经济组织、农村合作经济组织的法人地位和权利。要明确基层政府在乡村治理中的界限，完善治理方式，提升其组织协调各治理主体，不断优化治理机制，将村民自治建立在灵活可变的、社区自发形成的紧密利益共同体之上，形成多层次、多类型、多领域的基层社会治理体系。二是拓展农民群众参与的途径。要畅通村民参与村务决策、反映诉求的渠道，使乡村治理充分吸取民意、集中民智，充分体现村民在乡村治理过程中的"存在感"，强化农民的主人翁意识，调动广大群众参与治理的积极性。开展以村民会议、议事协商等主要形式的民主决策实践，以自我管理、自我服务、自我教育、自我监督等主要目的的民主治理手段，带领广大农民群众更加积极主动地参与村务决策、支持村域公共建设。三是积极培育各类社会力量。充分发挥社会组织的专业性和服务优势，激发社会组织活力。通过简化登记手续、设立培育基金和孵化场所、以奖代补、公益创投、政府购买服务等形式，加大对社会组织的培育和扶持，对社会力量参与农村公共服务供给和乡村治理给予必要的资金扶持，营造公平的政策环境，使社会组织能够成为基层政府的有力帮手。建立志愿者、服务对象和服务项目的链接，推进乡村的需求与志愿服务有效对接。四是探索政府服务外包。建立向社会力量购买服务的目录清单，将一些非核心工作剥离出来，运用市场竞争手段筛选出合适有效的承接方，通过第三方评估引导社会力量在乡村治理中有效地发挥作用。

（四）构建新型城乡治理共同体

构建新型城乡治理共同体是创新乡村治理的重要途径，在统筹城乡一体化社会治理中，要基于新型工农关系、城乡关系的构建，整合城乡社会治理资源，充分发挥党委、政府、社会组织和公众等多元主体的优势，发挥好党总揽全局、协调各方的作用，构建有利于广大群众参与乡村治理的制度环境，引导各方力量合力促进未来城乡共同体建设。一是打破乡村转移人口落户限制。根据城市，尤其是县城的承载能力，放宽落户条件，有序推进符合条件的农业转移人口在城镇居住落户，精简落户手续，确保转移人口能够与城镇居民享受同等的基本公共服务。二是盘活农村存量资源。一方面要探索集体经营建设用地入市的路径，确保农民从土地中获得增值收益；另一方面要探索农民宅基地的"所有权、资格权、使用权"分置，盘活闲置宅基地和农房。三是推动社会组织深度参与治理。既要积极培育源自乡村的"内生型"社会组织，又要引入来自城市的"外生型"社会组织，引导社会组织开展文体活动、做好弱势群体的帮扶、参与公共事务的管理、社会矛盾的协调和化解，让他们把眼睛紧盯群众需求，深度参与城乡治理。四是推广和完善城乡网格化管理经验。进一步依靠网格化的管理平台，搭建城乡共治的物理性空间，发挥各个网络的信息搜集和管理作用，不断提高精细化管理水平。

（五）增强乡村治理的文化支撑

一是要深入挖掘中华优秀传统文化中的治理智慧，实现其创造性转化和创新性发展，为全面实现乡村治理现代化提供强有力的精神指引与价值支撑。中国传统文化中重视基于人情的互助，形成了一种自发性的互助管理，在清朝康熙年间就有记载："农家村居，情甚亲昵。有无相通，老少相爱。"因此，要将已经凝聚共识的诚实守信、孝老爱亲等优秀文化用于推动社会治理共同体建设，让文化的力量内化于心外化于行，指导实践，间接转化为解决社会治理实践问题的能力，解决社会公德缺失的问题。深入挖掘优秀传统文化资源并将其纳入城乡社会治理的德治建设之中，提升乡村治理整体效果。二是要营造农村大有可为、有为有位、建功立业的舆论氛围,辅之以政策的强力引导、保障措施的倾力支持。同时,通过"村支两委＋乡贤会"等多种形式,吸引外出人才参与到乡村社会治理中来,鼓励他们出谋划策、进言献智、投资兴业、对外推介等,将"浓浓的乡愁"转变为推动发展的动力。三是总结宣传各种乡村治理模式,促进社会和睦。通过总结和提炼,把已经探索出来的良好乡村治理模式沉淀到社会基本价值层面,譬如,脱贫攻坚精神中蕴含的勇于担当、共建共治等精神特质,让其成为中国特色社会主义社会文明的重要组成部分。

(六)不断推进自治、德治、法治相融合

构建自治、德治、法治有机融合的治理体系,要培育自治的精神,根植法治的意识,强化道德的力量,在自治过程中始终贯穿法治思维,合理运用德治手段;通过法治为自治提供保障,为德治提供底线;用德治润滑自治和法治全过程。一是从立法、执法、司法、守法各环节协同发力,以法治手段持续拓宽人民群众参与乡村治理的途径,将人民群众参与乡村治理、维护公共利益的行为纳入社会信用体系。二是借助互联网等手段,增加与人民群众的直接互动和思想交流,扭转"过度行政化"的乡村治理方式,推动德治"春风化雨"。三是构建民主化科学化的公共决策机制,让人民群众参与村规民约等的制定和执行,提高人民群众和各类社会组织参与治理的能力。四是通过将自治、德治、法治的理念和意识进行整合,让三治融合更加成熟定型。加快建立"党委领导、政府负责、民主协商、社会协同、公众参与、法治保障、互助自治、科技支撑"的乡村治理体系。同时,开展群众喜闻乐见的宣传和活动,让"三治融合"理念真正落实落细,深入人心。五是建立"三治融合"效果评价体系,从群众认知、民风改变的角度,重视"三治融合"效果评价,让群众掌握评价权,使"三治融合"成为乡村治理的中国特色。

下篇：

模式探索

社会组织在乡村治理中的作用

——安徽省绩溪县家朋乡尚村的探索实践

党的十九大报告提出实施乡村振兴战略，治理有效是乡村振兴的应有之义。在构建和完善现代乡村治理体系、实现乡村治理现代化的过程中，乡村社会组织作为村民自治的重要载体，在协商集体事务、推进公益事业、组织志愿服务、传承优良传统等方面发挥着非常重要的作用。笔者在安徽省绩溪县尚村实地调研时，发现了"积谷会"这一社会组织，其服务能力和发展活力为探索如何培育乡村社会组织参与社会治理提供了有益的启示。

一、"积谷会"的发展脉络

尚村位于安徽省绩溪县家朋乡西南隅，地处皖南山区，自然环境优美、文化气息深厚。自古以来村里虽杂姓聚居，但是民风淳朴、相处融洽，是颇具特色的多姓氏千年古村落，象征邻里关系和谐融合的"十姓九祠"一直保留至今。

民国初期，尚村老百姓在梯田上辛勤种庄稼，正常年景收获的粮食尚能够吃，但是一旦出现灾害粮食就会减产，不少村民就会逃荒。1913年，为解决口粮短缺问题，尚村的村民合议设立了积谷会，采取以姓氏人口实力摊股出谷，统筹全村粮食储备，并放入积谷仓，以防再次出现闹饥荒的现象，确保社会稳定。至1945年，全村共有96人参会入股，设有4座积谷粮仓，每座粮仓净谷3 342公斤，每年安亩节（当地祈求风调雨顺的一种仪式，一般是"芒种"节气）后一日为需要粮食的村民提供开仓借谷，十月一日还谷进仓。借谷约定利息为1%，村民借谷时还必须有担保人，担保人负有代偿之责。

在兵荒马乱的年代，积谷仓是老百姓的救命粮仓。老百姓之间通过积谷会建立了非常深厚的感情，大家都互相信任，互相帮助，村民们都舍命保护积谷仓。新中国成立以后，积谷会仍然发挥着它的作用。1959—1960年，安徽省连续两年遭遇饥荒，村里的女共产党员看着嗷嗷待哺的婴儿于心不忍，便带着哺乳期的母亲去和积谷会成员做工作，动员积谷会开仓放粮。积谷仓真正让更多的人得到了救助，找到了活下去的希望。后来，由于种种原因，积谷会沉寂下去了。尽管如此，积谷会却在人们心中播下了互帮互助的种子。

近年来，为了利用尚村的传统村落资源发展旅游业，汇聚更多人推动尚村发展，在村里能人的带动下，村民倡议恢复重建积谷会。2014 年 12 月 17 日，尚村积谷会理事会正式成立，定位为公益性组织。2019 年完成了社会团体的注册手续。只要是本村的村民都可以自愿申请加入，经积谷会核心小组批准即可入会，也可自由退出。积谷会工作经费的来源主要是靠会员交纳的会费，每人每年 100 元，也接受会员的捐赠，经费主要用于各项活动的开展。积谷会的宗旨是为本村老百姓服务，除自发组织会员开展公益性活动外，还辅助村两委开展相关工作。如今，积谷会已经不用积谷了，而是更多地关注村庄发展。为此，会员纷纷出钱出力，发展村里的公益事业，如组织村民上山修路，号召村民保护环境等。随着国家越来越重视古村落的保护和开发，积谷会成为动员村民保护古村建筑、传承技艺、组织活动、培育产业的中坚力量。

二、"积谷会"热心支持乡村治理

积谷会的成员出生于农村、成长于农村，有的一直守在家乡，见证着村庄的变化；有的虽然已经走出了农村，却依然牵挂着村庄的发展。大家都希望能够为家乡的发展贡献自己的一份力量，积谷会正好为他们提供了一个平台。

一是村两委的好助手。积谷会成员积极配合村两委开展各项工作。如 2017 年，安徽省住建厅、中国城市规划设计研究院会同北京大学社会学系在尚村开展传统村落保护建设的各项工作，积谷会积极号召村民参与，成为试点单位与村民沟通的重要桥梁和纽带，使得项目取得了显著成效。积谷会成员还积极参与古村落保护的学习和讨论，商讨古村落保护和利用的成功案例和失败教训，致力于将尚村打造为古村落保护的样板村。

二是联结外界的桥梁。积谷会热情接待了央视《非常中国》的剧组，参与古村落合作社幽篁里、山云居注册等活动。在徽史专家的指导下，积谷会成员积极参与收集资料，为村志的编写做好前期准备工作。围绕暑期大课堂，积谷会成员热心为前来参观学习的学生讲解，带领学生现场体验民俗。在积谷会成员的积极努力下，尚村获得了社会各界的一致好评。

三是村庄治理的生力军。积谷会秉承服务乡民、建设家乡的宗旨，致力于提升村庄凝聚力。每年积谷会都会配合村两委，组织筹划闹新春活动，出资赞助礼炮、舞龙、放飚灯等活动，并书写赠送春联、购置零食，让村民过一个充满人情味的新春佳节。当村里老人遇到困难，积谷会都会送去慰问金，并约定每年都为村里 90 岁以上的老人发放慰问金。为配合做好回家过年纪录宣传片的拍摄，积谷会成员及其亲属做了大量配合拍摄制作的工作。为了让村庄更加美丽，积谷会成员出资购买上百根桃树，亲手交给村民，在村民的细心呵护下，种植在观景台两旁的大批桃树都存活下来并已开花结果。

四是乡风文明的践行者。在积谷会成员的带领下，尚村村民"文化自觉"

逐渐增强，手工艺者开始"重操旧业"，既守住了祖祖辈辈流传下来的好传统，又带动了当地旅游产业的发展。村民自发组织捡垃圾、耘草，既守住了家乡的绿水青山，让自己的家园更加美丽宜人，又保住了金山银山。村庄的各项活动也得到越来越多村民的响应和支持，上夜校已成为村民提升自我的好机会。相信在未来，在积谷会的感召下，更多的人会更加热爱尚村，更多的人愿意返回家乡，传承尚村的好村风、好传统，更多的人会以村为荣。

三、"积谷会"运作的启示

（一）挖掘治理基因，加强管理引导

在实施乡村振兴战略进程中，要深入挖掘我国乡村的传统治理资源。"积谷会"等社会组织的存在和发展有其深厚的社会基础。在新的时期，要按照完善"三治结合"的乡村治理体系的要求，对乡村自治组织加以引导和规范，合理安排其活动范围和工作领域，通过适当方式给予必要的资金和项目扶持，充分发挥其在自治领导中的独特作用，引导带动这类社会组织走向乡村善治和可持续发展的轨道。

（二）夯实群众基础，激发基层活力

"积谷会"等社会组织成员与自己的家乡有着紧密的情感联系，更加了解村庄的风土人情，对乡土优秀文化和传统技艺的传承保护也有独到见解。要注重发挥这些成员的主体作用，激发其积极性和创造性，让这类自治组织在村两委的领导和带领下，在农村公益事业中发挥积极作用，真正成为建设家乡的主人。

（三）服务大政方针，实化服务内容

"积谷会"等社会组织要成为国家大政方针政策落地的有力推动者。国家大力实施乡村振兴战略，为乡村发展带来了绝佳契机，一方面这些社会组织要服务大政方针。要从大局出发，及时关注政策动向，宣传动员村民响应国家号召，将国家大政方针尽快落到实处。另一方面这些社会组织要实化服务内容。要本着为人民服务的宗旨，真正为百姓办实事、做好事、解难事。通过定点设置意见收集箱、定期深入基层走访入户的形式，拉近与群众的距离，了解村民的真实想法和需求，及时向政府有关部门反馈。

德育银行乡村治理模式

——青岛市西海岸新区宝山镇乡村治理的实践

为深入贯彻习近平总书记关于"加强农村思想道德建设，推动形成文明乡风、良好家风、淳朴民风"的重要指示精神，青岛市西海岸新区宝山镇将提升乡村文明作为乡村振兴之"魂"，建立"党建引领、体系支撑、积分牵引、科技赋能"的运行机制，效仿银行运行模式，实现乡风文明的数字化呈现，以小积分撬动乡村大治理，蹚出一条"党建强、乡村美、风气新"的乡村治理路径。截至 2021 年 8 月，宝山镇 44 个网格村已经全面推广实施，30 000 余人参与，奖励兑换金额达 25 万元，化解矛盾纠纷和历史遗留问题 164 起，矛盾纠纷化解率 95％以上。

一、党建引领、群众参与，夯实项目发展根基

党的领导是德育银行顺利实施的坚强保障，可以使德育银行项目充分体现党的主张、贯彻党的决定。同时，德育银行又将各类村级事务和农民行为具体化和量化，推动了乡村治理由"村事"变为"家事"，有效解决了乡村治理工作"没依据、没抓手、没人听"的问题。

（一）党组织领办抓好"方向盘"

宝山镇成立了镇、村两级党组织主导的德育银行项目领导小组，村级领导小组与村民逐户签订德育银行项目实施告知书，对照村民的建议和诉求，完善德育银行的运行机制、标准体系，解决遇到的关键性问题，全面领导项目开展。

（二）党员模范带动争创"先锋岗"

设立"党员模范带动作用"专项指标，强化党员的服务意识和责任意识，将党员日常表现纳入考核体系，党员干部正常加分与老百姓一样，对党员干部出现不良行为，采取双倍扣分，并将党员年度积分作为年度星级评定的重要依据。在严格管理的情况下，党员户平均月度积分仍高出全镇平均水平 31.6％，党员"头雁"作用突出。在党员的模范带动下，群众积极参与，"尚善爱美、志愿奉献"的宝山精神已日渐形成。

（三）党群互动筑牢干群"连心桥"

德育银行充分发挥群众主体作用，激发群众参与村庄治理的积极性、主动

性和创造性，架起了党组织与群众的互动桥梁。对老人和困难群众，实行党员联户帮扶制度，党员在当好工作"联络员"，提供积分操作帮助的同时，还要当好政策"宣传员"和生活"服务员"。宝山镇共有 783 名中青年党员参与联户，涌现出了大量党员为困难群众免费修缮房屋、维修家具等好人好事，彰显了党组织的凝聚力、战斗力，密切了党群、干群关系。

二、体系支撑、完善指标，规范项目运作模式

宝山镇德育银行既建立了强有力的组织体系，又优化了指标和流程体系，突出工作重点，系统谋划任务。

（一）健全组织运行体系

镇党委成立由党政主要领导任组长的德育银行推广工作领导小组，负责项目的全面统筹实施。各村成立以党支部书记任主任、支委成员任副主任、党员和群众户代表为成员的德育银行运行评价委员会，进行流程的优化和分数的评定，为百姓提供答疑解惑服务。在镇、村两级领导小组指导下，建立项目积分审核小组，全程监督积分管理运行情况，保障德育银行规范有序运行，进一步稳固基层治理效能。

（二）完善指标评价体系

建立"1＋5＋N"开放性德育指标评价体系，"1"即依托村党支部领导；"5"是每月根据群众在践行和参与环境保护、睦邻和家、乡村发展、公益奉献、自治守法等 5 个方面的表现情况进行量化积分；"N"是将村民获得镇级以上荣誉表彰和其他经党支部认定的应该给予奖励的事项，通过项目积分审核小组审核以后全面纳入赋分系统，这是一个开放性指标。

（三）优化流程操作体系

经过多方调研，德育银行已经探索出"小组提报和个人申报—小组审核—积分汇总—积分公示—积分兑换和结果运用"的运行流程，按照"试点先行—重点培育—达标推进"的路径进行推广，形成试点村引领，先行推广村提升，再到全部村普及的良好局面。宝山镇德育银行项目在运行推广过程中不断优化流程，形成了较为完善的体系，简便、可行、易操作，充分保障项目的实施效果。

三、积分牵引、正向激励，增强项目生命活力

根据农业农村部"在乡村治理中推广运用积分制工作"的要求，宝山镇将乡村重要事务量化为德育积分指标，并根据积分给予相应的精神鼓励、物质奖励，契合实际，简单易行，让乡村治理由无形变有形，使软约束有了硬抓手，以"小积分"解决了"大问题"。

（一）福利引导养成良好习惯

积分经审核公示后，录入家庭德育银行积分账户，村民每月可按照1积分等价1元钱的方式，在"公益超市"兑换日常用品或者用于理发、全家福拍照、体验套餐等社会化服务项目，让奉献增"值"、德者有"得"，将"好事有人夸、坏事有人管、弘扬道德有回报"变为新风尚，实现以小积分撬动大治理。

（二）荣誉激励提升文明水准

每月进行积分统计并予以排名，对排名靠前村民，在村务公开栏和德育银行系统主页进行公示表彰。统一制作德育积分二维码展示牌，悬挂于每家每户门前，通过微信扫码即可获知该户积分情况。每季度召开村民代表大会进行通报，每年组织全体村民举行表彰仪式，对年度排名靠前户授予"德育之星"荣誉称号并张榜公示，引导村民主动参与村庄文明建设。400余名在外务工村民和在校大学生积极把自己在外做的好人好事纳入家庭德育积分账户，群众的荣誉感、自豪感、归属感有了极大的增强。

（三）比学赶超营造和谐氛围

充分发挥"1＋5＋N"指标评价体系作用，将"干好事、赚积分、得实惠"理念深植于村民内心。在德育银行的激励和引导下，村民一改"村情村貌事不关己"的态度，参与村庄治理的主动性明显提高。宝山镇上下一心、党群合力，掀起全民参与人居环境整治的热潮，44个村清理"四大堆"7 600余处，拆除违章建筑8 000多平方米，大家共同营造的宜居宜业、干净整洁的环境，使生活面貌发生了翻天覆地的变化。

四、科技赋能、三位一体，构建数智化乡村治理体系

建设数字化、智能化、信息化智慧平台，实现群众与各类强农惠农富农政策"指屏"零距离对接，能够畅通政策宣传渠道，为乡村治理提供信息化支撑，推动乡村治理能力现代化建设，促进治理效能的提高。

（一）开发智能化操作平台

开发实用性强、便于操作、群众接受程度高的德育银行小程序，通过一家一账号，一村一后台的方式，实现数据管理、标准建立、任务派发、积分申请、审核公示、积分兑换等多项功能整合。利用平台的计算能力管理积分账户，村民可通过微信小程序在德育银行智慧平台申报和查询积分，可通过电子刷卡的方式进行积分兑换。通过系统进行数据统计与分析，可出具镇、新村、网格村社会治理运行报告，为分析基层社会治理工作提供科学有效的数据支撑。

（二）提供数字化信息保障

德育银行与中国电信签订战略合作协议，将5G、云网、大数据等现代化

技术与项目融合，打造特色化的"德育频道"，即通过电信 5G 网络传输，在电视上展示镇村的特色内容，播放自主创编的小品、戏曲、宝山的秧歌等群众喜闻乐见的文艺作品，提升村庄向心力和凝聚力。同时"德育频道"提供专属化技术、技能培训，随时发布资讯、农产品价格指数、行业动态、扶持政策、招聘信息等，为村民生产生活提供便利服务，为产业振兴提供信息保障。2021年的蓝莓季，利用德育银行的 App 系统，每天实时发布天气、科技种植等信息，农户学习借鉴施肥、除虫等方法，使得蓝莓产量提高 50％以上，价格同比增长 23％，带动了收入的大幅度提升。

（三）实现网格化助农服务

建立"德育积分＋供销"富农新体系，与供销社深度合作，充分发挥供销社经营服务网络优势，统筹农村助老大食堂、助老驿站等资源，建设农村供销中心。作为福利兑换点，在为群众提供质优价廉的日用品、农业生产资料和农业社会化服务的同时，畅通德育银行物资供给渠道，进一步促进"农产品进城，日用品下乡"，实现了城乡产品互联互通，实现了党支部领办德育银行项目的闭环。宝山镇 9 处供销站销售额已超过 15 万元，并向城区供应宝山镇特色农产品 300 余吨，带动群众增收 210 余万元。

德育银行是推动乡村治理"三治"结合的重要探索，既可以应用到乡村，又可以应用到城市的社区治理中。这一探索，虽存在一些不完善的地方，但是其发展前景广阔，在乡村治理中将发挥着越来越重要的作用。

"党建引领，五力聚合"乡村治理模式

江西省新余市渝水区地处江西省中部，下辖 17 个乡镇（街道）、182 个行政村，总人口约 69 万，其中农业人口约 34 万，先后获得了全国粮食生产先进县、全国农田水利基本建设先进县、全国"两基"工作先进县等荣誉。为了扎实有效推进乡村振兴，渝水区根据乡村治理主体和客体以及农民思想变化的实际，充分发挥党建引领作用，在探索加强农村基层组织建设、开展集体资源资产清理、创新积分管理机制、培育乡村商会组织、发展农村公益事业等多向发力、聚集力量，形成了独具特色的"党建引领、五力聚合"乡村治理模式。渝水区形成的"党建引领、五力聚合"乡村治理模式，通过加强党建引领、灵活运用集体产权制度改革成果、坚持发展集体经济，把乡村治理多个主体的力量整合起来，契合了农村生产关系变革的要求，建立起了较为完整的工作链条，回答了在乡村治理中面临的谁来治理、治理什么、怎么治理等问题，真正夯实了党在农村的执政根基，切实壮大了集体经济实力，大大提升了农民群众的幸福感、获得感、安全感，有效促进了乡村治理与经济社会协调发展。2019 年，渝水区被中央农办、农业农村部等 6 部门确定为全国乡村治理体系建设首批试点单位。

一、以党建引领提升组织力

乡村治理涉及农村政治、经济、文化、生态等方方面面的工作，要确保正确的前进方向，就必须将党管农村工作要求贯穿到乡村治理全过程中。渝水区把党的政治优势、组织优势转化成了治理优势，提升了组织力，有效调动各方面资源力量，有力保障各项工作顺利推进。渝水区建强农村基层党组织从选优配强"领头雁"开始，既把好选人关口，又抓好后备培育，还完善激励机制，让基层干部放心大胆去干事。例如，全面提高干部的经济待遇，2019 年全区村党组织书记平均报酬 5.97 万元；打通村干部的晋升渠道，从优秀村（社区）党组织书记中招录乡镇公务员和事业编制人员。在有人做事、有人愿意主动做事的情况下，渝水区把广大基层党员和农民群众的思想、行动、力量和智慧凝聚起来，形成推动乡村振兴的强大合力，开展了"党建＋乡村资产资源清理规范""党建＋商会""党建＋颐养之家""党建＋晓康驿站"等多项工作，推动了公共资源下沉，解决了农业农村发展中的一些现实难题，密切了党群干群关系，巩固了党的执政根基。

二、以"两资"清理提高保障力

问题是乡村治理的客体，尤其是农民群众关心的"急难愁盼"问题。近些年来，农村最突出的矛盾就在农村集体资产资源管理上，存在签订程序不规范、合同要素不全、期限过长、价格显失公平等合同签订问题，随意转包、违规变更用途等合同履行问题，拖欠土地承包费、租金等合同兑现问题，这些都涉及老百姓的切身利益。为了摸清农村集体家底，处理好利益纠纷，壮大集体经济的实力，在前期开展农村集体资产清理的基础上，2020 年渝水区大力开展"党建＋乡村资产资源清理规范"（简称"两资"清理）工作，坚持"一把尺子量到底，一碗水端平"，对全区各个行政村的资产资源发包合同情况进行全面清理规范，依据法律法规和有关政策限时进行分类整改。为配合"两资"清理，渝水区成立了农村产权交易中心，搭建了信息管理平台，将农村资产资源信息全部放在了"线上"，解决信息不对称、程序不规范等问题，为村级集体经济收入建立了稳定的增长机制。据统计，全区清理规范后合同期内累计增收超过 1 亿元；追回拖欠金额 201.47 万元，收回资产面积 5 564.11 平方米，收回资源面积 1.4 万亩*。通过清理规范，村级集体经济年均增收 4 万元左右。加上已有的标准厂房、光伏发电等政策性集体经济收入和自有产业收入，全区 182 个行政村 2021 年都能实现集体经济经营性收入 10 万元的目标。正因为有了集体经济发展的保障，"颐养之家""晓康驿站""道德积分银行"等才有了可持续运行的坚实基础。在村集体经济不断壮大的情况下，村民对村集体的归属感和认同感也不断增强，基层党组织的凝聚力、号召力、向心力持续得到提升。

三、以积分管理激发内生力

农民的积极参与是乡村治理体系的重要内容，只有把农民群众发动起来，才能共同找到解决问题的办法。渝水区在尊重农民意愿的基础上，将乡村日常管理事务分解为可以量化的积分指标，对农民群众日常行为进行评价，给予相应精神和物质奖励，激发起广大群众参与乡村治理的内生动力。一是开展晓康驿站建设。为了跟踪脱贫攻坚的成效，渝水区在 182 个行政村建设了晓康驿站，定期对帮扶对象开展遵章守纪、卫生环境、劳动出勤、家风淳朴、互帮互助等方面的考核，依据考核积分发放帮扶物资，将"给钱给物"的方式变为"积分奖励"方式。二是探索"道德积分银行"。2019 年渝

＊ 亩为非法定计量单位，1 亩＝1/15 公顷。

水区在良山镇白沙村探索建立"道德积分银行",在积孝、积善、积信、积勤、积俭、积美、积学七方面设置分值,根据村民在这七个方面的表现情况,道德评议委员会每月召开一次评分会,每季度召开一次"光荣榜""警示榜""进步榜"评议会,每年召开一次模范评议大会,树立向上向善的榜样。在大家的共同维护下,渝水区的生活垃圾处理实现了100%行政村覆盖,绿化、亮化、村内道路硬化也实现了100%覆盖。

四、以乡镇商会增强支持力

乡村治理需要农民群众和乡村各界人士共同参与,这样才能让农民群众的获得感、幸福感、安全感更加充实、更有保障,才能真正实现乡村善治,让乡村社会既充满活力又和谐有序。渝水区自古以来商业文化发达,经商人员众多。这些经商人员大都是乡村的能人,既希望把自己的生意做大,又希望支持家乡的发展。近年来,渝水区全面推广"党建+商会"工作,在全区11个乡镇组建了商会,建立了党组织。例如,渝水区的水北商会本着"凝聚乡亲、互通商情、共谋发展、报效桑梓"的办会宗旨,让乡贤们知道"不做好事,不好意思;做点好事,不够意思;多做好事,才有意思",以抱团做公益的形式鼓励商会的老板们参与家乡发展和治理,并形成了"举党旗、抱团干、带民富"的"党建+乡镇商会"模式,得到中央领导的高度认可。渝水区通过共建共治共享,增进各方合作,凝心聚力,带动经商人员依托商会积极参与家乡的精准扶贫、乡村振兴、捐资助学等工作,同时还在化解矛盾纠纷、倡导文明新风等方面发挥了示范带动作用,促进乡村善治。

五、以公益事业扩大辐射力

在农村集体经济壮大以后,渝水区把加强公益事业作为推进乡村治理的重要着力点,"取之于民、用之于民",不断完善农村公共服务,让强农惠农富农政策和集体经济发展成果辐射更多农民群众。一是推进"党建+颐养之家"建设。采取财政支持一点、集体配套一点、老人自缴一点、社会捐助一点"四个一点"的办法,为农村留守、独居老人提供生活照料、精神慰藉等服务,让老人老有所养、老有所乐、颐养天年。到2020年,全区已经建成运行359个颐养之家,惠及老人4 928人。由于实行集中就餐和配送服务相结合,使行动不便的老年人不用再担心一日三餐了。在颐养之家可以看电视、聊天。良山镇下保村在颐养之家及时通报村里的好人好事和光荣榜、警示榜、进步榜等,老人们的精神生活也很丰富。二是加强晓康诊所建设。政府和村集体共同出资建设村里的晓康诊所,利用闲置房屋改扩成村诊所,乡镇为每个村配备至少1名职业医师,村民"一般小病不出村",能够享受免费的体检和便捷的医疗服务。

三是深入推进农村人居环境整治行动。大力开展农村生活污水处理、生活垃圾治理、农村厕所革命、村庄清洁行动，农村"厕所革命"户厕改造完成 91.29%。

在"党建引领 五力聚合"乡村治理模式的带动下，多向发力、聚集力量，渝水的乡村大地正发生着喜人的变化。

社工参与乡村治理的实践

　　随着农村改革的深入，农村经济社会呈现出新的变化，正式管理制度的刚性约束与农村社会管理的韧性要求之间的矛盾逐渐显现。单纯依靠我国一直以来的县、乡、村行政管理和各种社会救助、低保制度等福利模式并不能完全妥善解决社会矛盾，在这种情况下，各类社会组织应运而生。笔者在浙江省平湖市就社工参与农村社会管理的实践开展了专题调研，对社会组织参与乡村治理的模式有了初步认识。平湖市以政府购买服务的形式，引入社工组织入驻曹桥街道野马村，探索以第三方介入的方式参与社会服务，推动了乡村治理，促进了社会和谐。

一、社工组织参与乡村治理的优势

　　社工组织是一种 NGO（非政府组织），专门负责提供社会服务，从事非营利性的、服务于社会的专业化、职业化活动。社工服务是以专业的理念和知识为基础，运用专业方法，对各种社会问题和各类处于困境中的社会成员提供专业化"诊疗"，从而达到解决社会问题、促进公平发展的目的。社工组织所提供的社会服务能够有效弥补政府公共服务的不足。

（一）社工组织能够提供专业化服务

　　社工服务人员全职从事工作，具有一定的专业理论知识和技术水平。社工服务人员需要接受大专以上的专业教育，并通过全国社会工作资格水平考试取得从业资格后才能持证上岗。在此从业要求下，社工服务人员具有专业化理论做指导，有专门的服务技能。同时，在长期的社工服务工作中，社工人员不断积累经验、知识和技能，在某些领域更加熟悉业务，能够为社区提供较为专业的服务。

（二）社工组织能够有效链接社会资源

　　社工组织的服务对象一般为弱势群体，其面临的问题和困难相对复杂，仅靠社区的能力还不一定能解决，有时还需要整合多种社会资源才能帮助其解决问题并及时走出困境。社工组织可以针对服务对象的实际需求，发挥桥梁和纽带的作用，构建多元支持系统，以服务的形式提供给社会，产生更大的社会效果。

（三）社工组织能够填补政府刚性管理的空缺

　　随着居民对于公共服务的需求增强，公共服务的不足也日渐凸显。政府的角色更多侧重管理，管理制度也存在刚性约束，单靠政府现有的人力资源配置无法满足居民日益增长的公共服务需求。社工组织通过政府购买为社会提供专业化的服务，在一定程度上填补了政府刚性管理的空缺。通过社工的专业化服务，将刚性管理要求与居民易接受和认可的韧性服务有机结合，大大提高了社会总体服务水平。

二、社工组织参与乡村治理的背景

平湖市曹桥街道野马村曾经是个纯农业村，农业产业以生猪养殖为主。全村 480 户人家，人口密集，生猪饲养量大，全村年出栏生猪多达 15.5 万头。生猪养殖在给村民带来巨大收益的同时，一度也带来了严重的违规建设和环境污染，对村容村貌和村庄的可持续发展造成了严重危害。2013 年 12 月，平湖市开展"三改一拆"和生猪减量行动。平湖市人民政府专门印发了《平湖市"三改一拆"行动违法建筑处理暂行办法》，要求环保部门负责依法查处违反水污染防治管理法律法规的建筑，包括依法查处禁养区范围内违法建设的畜禽养殖场（舍）以及未经环保部门批准的规模化畜禽养殖场（舍）。在市政府依法划定的禁养区内新、扩建的畜禽养殖场，由环保部门提请市政府责令当事人限期拆除。对禁养区内现有的违法畜禽养殖场（户）采取有效措施，依法限期关闭或搬迁。建设项目环境影响评价文件未经批准，擅自建设规模化畜禽养殖场（舍）的，由环保部门责令停止使用，并对当事人进行处罚。"三改一拆"、生猪减量行动开展之后，违章猪栏相继拆除，野马村以前靠养猪为生的农民不得不转产转业、土地复垦。但是拆除违章猪棚、减少生猪饲养量是涉及村民利益的重大调整。在推进工作初期，村民对政府改善生态环境的初衷不理解，也不配合拆除，甚至出现破坏村规民约的现象，干部与村民的关系十分僵化，工作难以开展。

为了保证"三改一拆"、生猪减量的顺利开展，政府采取了多项惠民措施：每半年组织召开一次招聘会，开展职业能力培训，帮助村民进入企业工作；为村民提供就业机会，在河道清理工作设置工作岗位，吸收劳动力就业等等。尽管政府相关部门付出了最大努力，但是村民对拆除违章猪棚、减少生猪饲养量的做法仍然缺乏理解，矛盾时有发生，甚至有激化现象。

在上述背景下，平湖市政府探索引入"三社一体化"治理模式。"三社一体化"社区治理模式是指在社区建设中，建立起在社区党组织领导下、社区居委会指导下，社区、社区社会组织、社工服务站三社一体的社区自治体系。在平湖市曹桥街道野马村首先开始试点，招标选择青鸟社工机构，购买相关的社工服务。通过第三方的社工组织介入，增进了人民对政策的理解，加速了相关矛盾解决的进程，有效改进了社区治理方式，实现了政府治理和社会自我调节、居民自治良性互动，达到了政社合作、依法共治社区的目标，推动了社区和谐稳定发展。

三、社工组织参与乡村治理的做法

2016 年 5 月，青鸟社工服务中心正式入驻野马村，青鸟社工通过政府购买服务的形式获取日常运行资金和社工薪酬。平湖市政府与青鸟社工合作三年，待期满后由第三方对服务效果进行评估，达到预期效果再续签服务合同。青鸟社工入驻野马村以后，村里负责提供办公场所和部分办公设备的支持与保障。青鸟社工从改善村庄环境、建设美丽乡村开始，从引导到巩固，采取了一些实实在在的举措。

（一）深入了解村民需求，解决实际困难

青鸟社工入驻野马村后，首先开展实地调查，建立了村民联系卡。由于其第三方性质，不是政府工作人员，更容易取得村民信任，了解到村民多样化需求，听到村民内心真实的声音，进而有针对性地解决问题。四名社工人员在对村容村貌和村民进行了为期一个月的调研之后，摸清了村里的实际情况，了解了村民的普遍性问题和个别村民的实际困难，增强了村民对社工组织的认可和信任。相较于政府工作人员，很多村民更愿意和社工们坦诚交流，倾诉生活中的各种实际困难。社工将其了解到的实际情况及时向政府有关部门和村委会反映，促使其能够采取行之有效的改善措施。

（二）开展丰富多彩的活动，辅之政策宣传

青鸟社工通过调研发现，原来村民都有跳广场舞的习惯，但是领舞人搬走之后，广场舞活动处于暂停的状态。于是，社工人员亲自领舞，组织村民重拾广场舞，每天晚上七点准时带领村民参加广场舞活动。社工还鼓励村民自己画广场舞的宣传海报，号召广大村民共同参与。一般广场舞时长一个半小时，中间休息两次，村委会利用休息时间以视频等方式展示"生猪减量"工作前后村容村貌的巨大变化，宣传最新的支持政策，以更直观和更温和的方式向村民传递政府工作的实际效果，潜移默化地向村民普及相关政策。

青鸟社工利用学生放暑假的时间开展了为期 12 天的"奔腾野马，快乐一夏"暑期夏令营活动，招收暑假在家的青少年免费参与。通过课堂教学、课外实践等方式，向青少年灌输环保知识，树立环保意识，养成环保习惯。课堂教学除了理论学习之外，社工还组织营员一起收集可回收垃圾，加强废物利用，培养循环利用的习惯。社工带领青少年走访村庄各地，采访、收集村民关于庭院修整、乡村建设的相关问题和建议，同时分发垃圾分类知识的宣传单，普及环保知识。夏令营活动一方面丰富了青少年的暑期生活，加强村民对社工组织工作的认可；另一方面通过青少年教育带动整个家庭乃至整个村庄共同关注环

保问题，完善自身行为。

此外，青鸟社工还利用传统节日组织民俗活动、定期放映电影等，这些有趣的活动形式大大丰富了群众生活，增强了农民的凝聚力，提高了产业创新的活力，带动了村庄的和谐发展。

（三）共同探索致富模式，提高收入水平

青鸟社工以村民为主体服务对象，与村民共同探索新的致富方式。野马村拆除养猪设施以后，青壮劳动力外出务工，留在村里的大多是中老年人，他们中有的人还有一技之长，社工就引导村民开发特色拳头产品。打造"野马牌"布鞋品牌，组织村里的老人手工缝制，社工组织协助进行包装设计，并协助组织打开市场。希望通过外界力量的介入激发村民的创造力，探索新的致富模式，提高收入水平，改善生活品质。

（四）组建活力团队，引导村民自治

针对野马村的实际情况，青鸟社工在提供相关服务的同时，还积极招募野马村村民骨干，成立由村里有威望、有热情、有爱心的村民组成的"乡村社工"团体。村委会和社工组织合作把握工作方向、制定基本政策，"乡村社工"团体作为媒介上传下达。社工与"乡村社工"团体定期开会，交流工作进展和心得体会，针对村里的实际问题开展讨论，提出行之有效的意见和建议。会议主题大多围绕"美丽庭院"建设、房前屋后绿化和垃圾分类等问题来开展。青鸟社工和"乡村社工"团体还因地制宜地成立帮扶小组，鼓励广大群众踊跃参加，通过每月一小时的时间，为身边需要关心的人提供关爱，陪他们聊天、晒太阳，实现一些小心愿。

四、社工组织参与乡村治理的效果

（一）环保意识初步建立，社会矛盾大大缓解

青鸟社工入驻野马村不足 4 个月时间，"美丽乡村，家园自治"项目已初见成效。全村的违章猪棚已经全部拆除，各项工程配套措施有效跟进，村庄环境面貌焕然一新，村民已经打心眼里感受到环境改善以后的实际效果。通过青鸟社工多种多样的宣传方式，野马村青少年已经逐步树立起环保意识，村民也提高了环保关注度，为进一步改善生活环境，建设美丽乡村打下了良好的基础。

在访谈中，野马村党支部王书记说，村民们其实更喜欢现在这样整洁的村庄，只是之前由于拆除猪棚收入来源减少了心中有怨气，现在也能理解政府的初衷了。王书记说得动情，眼泛泪光，觉得自己的工作终于有了进展，跟村民之间的关系也有所缓和，村民的理解是她工作的动力。可见，青鸟社工通过润物无声的服务模式和温和巧妙的宣传方式，帮助村民理解政府工作的意义，对

政府工作的接受度和支持度有所提高。政府也根据社工组织的反馈有针对性地提供更加全面的支持，社会矛盾明显缓解。

（二）村庄凝聚力有所提高，乡村活力得以激发

青鸟社工成为村民与政府部门沟通的桥梁，政府部门的工作是自上而下，社工工作是自下而上，相互配合开展工作，大大提高了村民的参与程度。青鸟社工带动了村民之间的互相帮助，提高了村民互助意识，让困难村民感受到村民、政府和社工的关怀之情，邻里之间的关系更加融洽，村民个体的自主性、积极性、参与性以及村民之间的凝聚力得以大大增强。

青鸟社工在野马村因地制宜地开展多种参与性强的活动和服务，丰富了村民的闲暇时光，培养了健康良好的生活习惯，为原本平淡的村庄生活增添了无限色彩和勃勃生机，村民的日常生活和精神世界得到了极大丰富，村民之间、村民和社工之间、村民和政府之间的互动不断加强，乡村活力得以激发。

（三）参与意识有所提高，自治意识初见端倪

青鸟社工通过实地调查、访谈等方式挖掘有潜力、有能力的热心村民，成立由村民组成的"乡村社工"团体，带领和鼓励村民尽可能自己解决自己碰到的问题。从而提高村民的参与意识，让村民感受到自身力量对村庄建设的重要性，鼓励村民心系村庄建设，建立起强烈的归属感、自豪感、幸福感和主人翁意识。"乡村社工"团体在社工组织的带领和指导下，已经能够提出问题，尝试思考解决方案，组织村民付诸实践。

五、社工组织参与乡村治理的启示

青鸟社工参与野马村乡村治理的探索行之有效，改善了政府与村民的关系，丰富了农村社会生活，增强了群众环保意识，激发了村庄活力，提高了村民的参与意识，促进了社会和谐发展，不仅对青鸟社工与野马村的合作有重要意义，而且对社会组织参与乡村治理也有重要的借鉴作用。

（一）加大财政支持，提高扶持力度

政府要关注社工组织的作用，适时引入社工组织服务，以购买服务的形式扶持社工组织。鼓励有需要的社区、村庄引入社工服务，探索有效的乡村治理模式。带动各类社会资源与社工组织的联结，为社工组织利用各种资源提供支持和便利，促进社工组织带动农村社会的发展，提高人民群众的参与意识，激发村民创造性，谋求社工组织和农村社会协同发展。

（二）明确实际需要，找准服务定位

社工组织在服务过程中，要摸清村民的实际需要，从需要出发，找准服务定位。从村民的根本利益出发，探索合理的服务方式和方法。社工要与村民打成一片，融入村民集体，用心听取村民呼声，得到村民认可，在此基础上才能

更好地服务群众。

（三）提高创新意识，探索服务模式

农村不缺服务的平台，缺的是创新的思想。社工组织作为独立的法人，在参与农村乡村治理中能够构建起村民与政府之间的对话机制，其市场化导向可以激发创新意识，有利于服务模式的探索，提供个性化的服务，多元化开展工作。社工在参与乡村治理的实践中，组织探索与各种社会资源的对接，加强交流合作，探索多种为村民服务的手段。注重各地村庄的不同情况和不同需求，因地制宜地开展创造性的活动，加强互动，保证社工服务行之有效。

（四）加强社工组织评估，优化监管机制

政府作为购买方，对社工组织服务的评估是监督管理的重要内容，可以引导社工组织按照规范和需要开展活动，还可以通过公开评估使村民认识到政府购买服务的实际效果。可以引入社会评估机制，让村民参与到评估体系中来，实现监督管理的社会化，同时，也增强群众的参与感和主人翁意识。

农村网格化管理的探索

近年来，在推进"四化"同步发展的进程中，农村社会也在悄然发生变化，传统的乡村治理方式已经不能适应新形势发展的需求，迫切需要根据新形势的要求不断创新。各地积极探索乡村治理的有效方式，浙江省平湖市作为一个经济发达地区的县级市，率先在农村地区采用网格化管理的方式，大大提高了乡村治理的效率和公共服务水平，已经形成了较为成熟的运行机制。为此，笔者专门赴浙江省平湖市开展了实地调研，先后在姚浜村、野马村、虹桥社区、鱼圻塘村等地与村民和村干部进行了座谈交流，对平湖市开展农村网格化管理的做法有了深入了解。

一、开展农村网格化管理的背景

平湖市地处浙江省东北部杭嘉湖平原腹地，全市陆地面积 537 平方公里，海域面积 1 086 平方公里，户籍人口 49.1 万，常住人口 68.4 万。平湖市从 1999 年起逐渐撤并乡镇，从原有的 20 个乡镇撤并为 10 个乡镇；2004 年，把 10 个乡镇合并为 5 个镇和 3 个街道，全市原有的 286 个村合并为 138 个村；2012 年又把 138 个村合并为 95 个村；目前全市为 86 个村。随着乡镇撤并，村域面积越来越大，平均每村的村民达 3 392 人。村内人员多、居住分散，给乡村治理带来了巨大挑战。

网格化管理是社会治理的一种创新方式，它将管理区域划分为若干个网格，以网格为管理单位，利用网络信息技术，把政府的服务更加高效和优质地提供给网格里的居民，这种方式多用于城市社区的管理当中。网格化管理在农村的应用是指把辖区内的乡村及其他特殊单位（大型企业或学校等），划分成块状单元区域，在网格内指定专兼职人员负责网格管理和信息采集，依托网络信息管理系统，及时反映网格动态，解决农村出现的问题，提供村民需要的服务。为了破解乡镇撤并后带来的乡村治理难题，平湖市果断引入了网格化管理模式。

平湖市从 2012 年起在辖区内全面推行网格化管理，通过市综合治理办公室把农村划分成若干网格单元，并整合了个别部门、行业在村社区以下自行划分的各类网格，纳入了浙江省统一的网格管理系统。2014 年，平湖市打破原有的村级党组织设置模式，创新以网格为基础，在网格上建立农村党员先锋站，将党建与网格建设相结合，发挥了农村党组织在基层治理中的作用。2016年，平湖市实现基层党建网、民生服务网、平安建设网在农村网格中的有效融合，形成"三网融合"的基层管理网格，基本实现了对农村"网格化管理、组团式服务"的新模式。

二、农村网格化管理的实践

平湖市根据尊重传统、着眼发展、便于管理、全面覆盖的要求，坚持关联性、整体性、实用性的原则，把全市基层划分为 756 个网格。平湖市农村的网格分为两种：一是村网格，即以自然村落、农民新村、片组、党员先锋站等为网格划分单元，每个网格内村民户数控制在 100 户左右。二是专属网格，即相对独立的各类工业园区、流动人口的集中居住地、较大规模的企业、学校等特定区域单独划分网格。

网格内发动并培养了 877 名网格管理人员，农村网格员一般由村干部担任。在网格员之下，有若干名网格信息员，这些人员一般是网格中原有的村民小组长，或是工作有热心、群众基础好、沟通能力强、善于组织协调的联村干部、妇女联络员、新居民协管员、消防志愿者和网格中情况熟、责任心强的老党员、老干部、老军人、老教师、农村放水员、保洁员、志愿者等。通过划分网格和落实人员，平湖市建起了基层社会治理的大网。

（一）明确网格管理人员职责

网格管理人员的基本职责是做好村内网格信息的收集和传递。具体职责包括：第一，熟悉自己负责的网格区域范围、实有人口、帮扶管控人员、社会组织等基础信息；第二，排查掌握并及时上报各类矛盾纠纷信息；第三，排查掌握并及时上报各类公共安全隐患信息；第四，排查掌握并及时上报各类重点人员的动向信息，如治安可疑人员、信访上访人员、易肇事肇祸精神病人及闲散青少年等；第五，排查收集并及时上报违法违章占地搭建、违法违章生产经营、违法违规种植养殖、违法违规排污捕捞和其他违法违章行为等方面信息；第六，力所能及或者配合有关部门就地制止违法违规行为、调处矛盾纠纷、整改公共安全隐患、帮教稳控有危害社会治安和社会稳定各类人员，做好生活困难人员帮助关爱工作和网格内的其他民生服务事项；第七，在网格内开展政策、法律法规、防范常识和平安建设等方面的宣传，为网格内的村民释疑解惑；第八，做好准入网格其他部门交办的相关事项，如 2015 年环境保护纳入网格化管理后，网格员需收集环境保护方面的信息，2016 年增添输油气管道安全隐患巡查进网格，网格管理人员需帮助收集上报各类管道周边的信息。

（二）规范服务程序

网格信息员作为网格员的助手，分担着同样的职责。座谈会上，调研组看到姚浜村的一位 70 多岁的网格信息员，他是一位老党员，在村里德高望重，他不仅发现问题，而且也直接去调解周围的矛盾纠纷，效果特别好。

网格员在各村民家门口亮身份、亮联户。笔者在姚浜村内调研走访时，看到农户家门口的电表上贴着农户所属的网格、本网格的管理员、网格服务组的成员（分别是电工、自来水管理员、有线电视管理员）的名字及联系方式，并附村办公室的电话，这些信息方便农户及时反映情况和联系服务组成员解决面临的突出问题。例如，在村里的红白喜事上，网格员负责上报食品安全信息。如果哪家要办事，就需要把厨师的联系方式、办事期限等信息报给网格员，网格员会及时联系厨师，检查相关资质和餐具消毒情况，确保食品安全。在网格管理中，采取网格双联、随机走访、干部量化考核等手段，将管理效果纳入网格员的考核中，如果出现了未上报的问题或者不达标的情况，网格员要承担一定的责任。

（三）建立信息报送平台

平湖市网格化管理依托"平安建设信息系统"这个信息报送的平台，实现社会治理的信息化。这个系统包含了辖区管理、线索管理、实有人口、实有房屋、组织场所、日常办公、事件处理、研判分析、报表统计、数据管理等模块。平安建设信息系统通过 PC 电脑端、平安通或平安浙江 App，对全市上报的各类社会治理信息进行受理研判、交办督办，实现社会治理信息在这个平台上达到"一网"受理、交办、反馈。

平安通是网格员上报信息的主要工具，由镇（街道）综治办统一办理配发，给专兼职网格员和镇街道综合指挥平台管理员，专人专用。平安通的配备有两种方式，一是利用个人原有的智能手机及号码，下载"平安通"App，每月支付 25 元流量费；二是由电信、移动、联通三家运营商提供合约手机，以套餐的形式支付费用，平均每月 60 元左右。平安通的使用费用由平湖市镇两级财政支付。

平湖市围绕平安通使用率、均台上报信息数、有效信息率、流转信息数几个指标，定期排名，年终列入平安综合治理考核。在平湖市的"村村争五星"考核中，根据市综合治理办对每个村的检查通报，未达到每台平安通 5 条/月上报信息数量要求的，就会扣分。综合分数被评为两星以下的村将会扣减村干部的奖金，并约谈村班子成员；严重的将会免除村支书党内职务。

（四）建立联动工作机制

平湖市网格信息处理的主管部门分为市、镇、村三级：市综合治理指挥中心负责市级层面事件受理、分析研判、分流处理、调度指挥、督办反馈等工作；镇（街道）依托社会服务管理中心，由镇（街道）分管副书记负责镇（街道）级层面信息研判、交办督办等工作；村社区通过综合治理工作站处理信息，分派村里的相关网格服务团队上门办理。

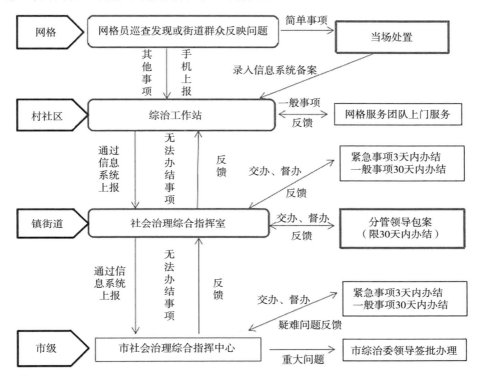

平湖市社会治理网格信息处理工作流程图

在网格信息处理工作流程中，网格员将信息录入平安信息系统后，村社区能处理的，由村社区办结；不能处理的，通过信息系统上报镇（街道）社会服务管理中心。镇（街道）社会服务管理中心收到村社区上报的信息后，经过研判，如能处置，由镇（街道）分管副书记签发至相关部门处置办结，不能处理的，再通过信息系统上报给市级中心，由市级中心牵头办理或交到相关部门办理。办理网格上报的事项有一定的时限，紧急事项限 3 天内办结，一般事项限 30 天内办结。办理责任单位负责跟踪相关问题的整改过程，将整改信息及时录入平安信息系统，并告知相应的网格员。网格员同办理责任单位共同做好持续监管、信息上报等工作，确保整改的效果不反弹。整个网格信息处理流程形成了市镇村三级事件处置、网上网下一体联动的工作机制。

（五）以奖代补的激励机制

平湖市为激发广大群众参与社会治理的积极性，鼓励基层上报高质量的社会治理信息，专门发布了《关于印发平湖市社会治理信息采集上报以奖代补实施办法（试行）的通知》（平综委〔2015〕4 号），采取以奖代补的方式对在"网格化管理、组团式服务"中提供有效信息的专兼职网格员、网格信息员和其他社会群众提供奖励。网格员将各类口头、电话或者短信、微信、书面等信息转化为文字，录入平安建设信息系统，对有用的信息及时给予上报人以奖励，主要奖励最先上报人员，同一信息不重复奖励。奖励分为四类：第一类是一般信息，指具有低风险，能够在村社区或是镇街道层面及时联动处置的隐患信息，每条奖励 20 元；第二类是较大信息，指具有中等风险，需经信息系统报送市级相关主管部门处置的隐患信息，每条奖励 50 元；第三类是重大信息，指具有较高风险，需报送市级网络中心进行协调处置化解的隐患信息，每条奖励 100 元；第四类是高风险信息，如果不及时掌握、处置，有可能造成重大事件、事故的各种隐患信息，每条奖励 500～2 000 元。

2016 年以来，平湖市财政落实的以奖代补经费大大激发了基层人员上报安全隐患信息的积极性，有效保障了农村的安全稳定。

（六）服务人员组团驻村

平湖市在推进农村网格化管理的同时，还组织了多个服务团队驻村，尽可能满足农村群众的生活需求。平湖市每个村社区都设有便民服务中心，推行"一站式服务"。鱼圻塘村投资 2 万多元，在村委会大楼一层修建了"一站式"服务大厅，组织 4 名村干部坐班，解决民政、计划生育、社会保障等村民日常会遇到的问题，为村民提供信息咨询、权益援助、实事办理等便民服务。

我们看到姚浜村村委会办公楼里设置了矛盾调解室、婚姻咨询室，村民有什么不顺心的事情都会到这里来求助。赵霞是一位年轻的村干部，她承担着这两个服务室的调解咨询工作。为了做好工作，她专门报考并取得了社会工作者从业证书和心理咨询师证书，以便提升咨询的专业性。

在姚浜村内入驻着一支公共卫生服务团队，由镇卫生院常年派出编制内的 2 名医生和 1 名护士在村里服务，镇财政提供资金支持，村委会提供场地。村卫生室是医保定点单位，方便村民就诊，村民一般的医疗问题不出村就可以得到解决。姚浜村卫生室旁还设有居家养老照料服务中心，村民可以到这里喝茶聊天、写字画画、玩棋牌、打乒乓球等，缓解心理压力并提升文化素养。

平湖市的每个村内都建有文化礼堂，设置了图书室、村史展厅、道德讲堂。姚浜村还设有"春泥计划辅导站"，由民间艺术家于照法老师给村内的儿童提供公益教学，开设暑期培训班，儿童可在这里学习画画、剪纸、书法，丰富了暑期生活。

三、农村网格化管理的效果

（一）村庄管理有序，减少了治安盲区

平湖市农村实行网格化管理后，有效地解决了村庄合并后人口多、居住分

散带来的管理问题。在网格化管理的运行中，村委会成员担任网格员，发动村民参与担任网格信息员，把村庄原有的区域分成网格，相当于一块"责任田"，让负责人统计基本信息，排查矛盾纠纷和安全隐患。信息通过统一的平台上报后，上级部门能够通过网格掌握地域、人口、重点人员动向等问题，这样能更好服务村民，也能有效地防范不稳定、不安全的因素，村庄的管理更加有序，减少了治安盲区。

（二）网格中嵌入组团服务，丰富了村民生活体验

在调研中，笔者看到平湖市在农村提供的集中组团式服务，各项农村社会服务集中在一处，涉及养老、医疗、心理疏导、文化教育等方面，方便了村民办理日常事务，真正让村民老有所养、病有所医、学有所教。村民能够在自己的村庄里满足多种生活服务需求，既增强了村庄的认同感，也提高了管理水平。

（三）财政大力投入，引导了村民参与网格服务

平湖市财政在农村环境整治、村路硬化、村庄绿化等方面均给予了大力投入，如设立 5 000 万元专项资金整治河道，严抓五水共治，即治污水、防洪水、排涝水、保供水、抓节水。为引导村民参与农村环境整治，在网格中组建了"美丽乡村服务队"，专门负责全村河道保洁、垃圾收集、绿化美化等工作，对参与服务队的村民每人每月可以领取 2 000 元劳务费。这一举措大大激发了村民加入美丽乡村服务队的积极性，提升了村民的环境保护意识，也为整治农村环境的后续工作提供了保障，不仅改善了村民的生活环境，还培养了一批农村网格中的环保服务人员。

四、农村网格化管理的启示

平湖市农村网格化管理模式运行中，既有值得借鉴的闪光点，也出现了一些值得反思的问题。从其实践中，可以得到如下启示：

（一）网格要将传统内涵与创新模式相融合

平湖市在农村地区引入网格化管理模式，是乡村治理模式的创新，但并没有因为管理模式的创新而引起村民的不满。这是由于在网格的划分和管理上尊重了既有的村庄传统、人员秩序和村民感情，在村委和村民小组长以及村内有威望的人中任用管理人员，保证了管理人员的连续性，村民依然可以找到熟悉的办事人。在网格机制的作用下，管理人员办事效率比从前大大提高，帮助村民的积极性也大大增强，得到了村民的认可。

平湖市逐渐将平安建设、民生服务、基层党建融合到一张网中，网格内融入的新需求落实到每个网格的管理人员身上，既能确保需求落地，又节省了人力，集约了资源，有效地保障了农村的安定、村民的生活服务以及党组织在基

层的建设。

（二）刚性管理需寻找合理方式 "柔化"

网格化管理的运行采用政府主导、由上至下推动的乡村治理逻辑，存在明显的行政刚性约束。这种刚性的弊端在农村地区拆违建、生猪饲养减量时体现得尤为明显，行政硬性拆除并且由网格员排查监督避免反弹，在推行过程中，网格管理者和村民遇到尴尬的困境。平湖市领导意识到了这一点，将社会组织作为第三方引入乡村治理，作为柔化管理方式的一种探索。市财政购买服务，由社工入驻村里做活动和工作，增进了村民对政策的理解和支持，弥补了行政管理的空缺。

（三）激励措施需激活村民参与的积极性

平湖市采取 "以奖代补" 的方式激发基层上报有效维稳信息的措施，能够使政府及时掌握并处理基层的隐患，在当下有一定的积极作用。但是长远看来，现金激励会带来财政负担，且使村民在思想上认为保持村庄的和谐稳定是在为政府办事，进而形成补贴资金的路径依赖。在网格化管理中，需要找到能真正调动起村民凝聚力和集体荣誉感的方式，激发村民的主人翁意识，激活村民参与社会治理的积极性，自觉付出心力维护共同的家园，培养起农村内生的活力，这是使乡村治理行之有效并能适应变化的长久之道。

乡贤参与乡村治理的模式探索

——乡村治理的绍兴经验

伴随改革开放带来的农村社会变迁，传统的乡村治理方式已经不能适应发展的需要了，各地积极探索新的具有时代特色的乡村治理模式，乡贤治理就是其中之一。浙江省绍兴市近年来积极培育乡贤文化，鼓励乡贤参与乡村治理，不仅凝聚了人心、达成了共识、带动了乡风民风的好转，还扩大了基层建设的社会参与度，提高了农村兴办各项事业的效率和质量，积累了成功经验。笔者专程前往开展实地调研，对乡贤治理有了更加深入的了解。

一、推动乡贤治理的背景

绍兴农村作为发达地区农村的典型代表，有以下几个特点：

第一，农村集体经济发展迅速，但不够平衡。绍兴市有 2 173 个行政村，2015 年底，全市共有农村集体总资产 285.62 亿元，实现农村集体总收入 35.01 亿元，比 2014 年底增加 1.53 亿元，增长 4.6%，保持了良好发展的势头。但是仍有 177 个村年总收入在 10 万元以下，占行政村总数的 8.1%。部分农村缺乏开展各项工作的经济基础，迫切需要开辟新的资金来源。

第二，农村人口流动加速，返乡就业或创业的人口比例低。根据 2015 年末数据统计，全市农村劳动力资源数 250.08 万人，从业人员 231.4 万人，其中从事农业的人员 54.92 万人，仅占总数的 23.7%，绍兴农民工资性收入和经营性收入两项已占到农民总收入的 90% 左右。可见随着工业化、城市化的推进，非农产业快速发展，越来越多的农民离开农村，转移到城市二、三产业就业或创业。这降低了村庄凝聚力，对乡村治理提出了新挑战。但与此同时，也为乡贤支援故乡发展提供了条件。

第三，农村社会阶层加速分化、贫富差距不断扩大，社会矛盾增多，治理环境更加复杂。一方面，一些村民致富成功，生活条件得到了极大的改善；另一方面，一些村民亟待帮扶救助，存在心理不平衡现象。由于利益诉求的不同，两者在村务决策上常常存在巨大的分歧，严重影响了乡村和谐稳定。

在历史上，绍兴文化繁盛、人才辈出，许多社会精英晚年衣锦还乡，不仅教化百姓、稳定乡里，还在资金和物质上支持了故乡发展。2014 年以来，绍兴市积极培育乡贤文化、鼓励乡贤参与社会治理，以发展乡贤参事会为切入点，创新乡村治理模式，提升乡村治理能力和水平，推进乡村治理现代化。绍兴市的实践证明，将乡贤引入农村社会治理，不但可以凝聚人心、达成共识，改良村风民风，还可以利用乡贤的名望、知识和财富促进乡村建设，弥补部分村庄集体经济薄弱的缺憾，是营造和谐美好乡村的适时之举。

二、开展乡贤治理的实践

（一）界定乡贤身份

乡贤，传统意义上多指本乡本土有才能、有德行、有声望的杰出人士。绍兴市在乡贤治理的实践中，既保留了乡贤的"贤""德"标准，又突破了传统意义上的乡贤概念，丰富现代"新乡贤"的内涵。绍兴市将乡贤分为三种："在家乡贤""不在家乡贤"和"外来乡贤"。"在家乡贤"是指因品德、才学为乡人推崇敬重的本土精英，他们扎根乡土，对农村情况了如指掌，如老党员、老干部、老教师、复退军人、道德模范等。"不在家乡贤"是因求学、致仕、经商而走入城市，却有深厚乡土情结的外出精英，他们拥有技术、资本、信息、市场和人脉等资源，愿意以项目投资、智力支持、信息分享和扶贫助学等方式反哺家乡，包括企业家、"返乡走亲"机关干部、社会工作者、经济文化能人和教育科研人员等。"外来乡贤"是在绍兴农村创业建设的外来生产经营者、管理人员等，他们已经在绍兴生活多年，希望做好本职工作，为第二故乡奉献自己的智慧和力量。

在界定乡贤内涵的基础上，绍兴市还积极加强乡贤联络，组织开展乡贤普查，全面收集外出乡贤基本信息资料，根据村籍、行业、区域等标准对乡贤进行分类管理。在乡贤集中的城市还成立联谊会，向他们介绍家乡发展情况。每年春节期间，乡贤们纷纷返乡，各地还举办镇、村两级乡贤恳谈会，共同讨论家乡发展大计。镇村领导还热心地到乡贤家里走访慰问。这些工作不仅确定了各镇村乡贤人数、分布等情况，而且加强了与乡贤们的情感联系，团结了大批热爱故里的杰出人士，为建立乡贤组织、激活乡贤能量奠定了良好的基础。

（二）弘扬乡贤文化

传统乡贤文化是乡贤治理的灵魂。绍兴市积极搜集整理乡贤史料，开展乡贤文化研究，弘扬优秀的乡贤风尚。如诸暨店口镇编纂《店口志》，为镇里自宋朝以来出现的 300 多名先贤编史立传；店口镇同时还抢救历史文化遗产，对珍贵的乡贤建筑、故居加以整修保护。上虞区成立乡贤研究会，吸纳了 100 余位会员，收集整理 3 000 余名上虞乡贤的资料，撰写各类文史资料 1 000 余篇，获浙江省宣传思想文化工作创新奖。

绍兴市在研究优秀古典乡贤文化的基础上，还加强实施乡贤文化的展示，开展了乡贤精神进学校、进家庭、进社区、进景区等"四进"活动，探访乡贤故居活动，"读名著、讲乡贤"读书活动，"评乡风、立公约、传家训"活动，道德讲堂和孝亲模范家庭评选活动等。上虞区祝温村积极开展"五十佳"评比，每年选出"十佳孝子""十佳媳妇""十佳少年"等优秀村民作为全村的道德楷模。祝温村还修建了乡贤走廊、信义林、家训墙等设施，供村民观摩学习，丰富了村民的精神文化生活，调动了村民奋发向上、争做模范的积极性。

（三）建立乡贤组织

为了规范乡贤参与治理的行为，绍兴市专门出台了《关于培育和发展乡贤参事会的指导意见》，按照"成熟一个、发展一个"的原则，推动条件成熟的行政村建立乡贤组织。根据乡贤人数的不同，各行政村建立起不同的乡贤组织。乡贤个人会员在50名以上的行政村单独成立乡贤参事会，乡贤个人会员在5～49人的行政村在以乡镇为单位成立的乡镇乡贤参事会下成立村级分会，乡贤人数少于5人的行政村，设立乡贤顾问，发挥其参政、议政、辅政作用。乡贤参事会必须接受乡镇党委和村党组织的领导，并接受乡镇政府和村民委员会的业务指导。

乡贤组织承担多样化的职责，以多种途径参与家乡建设和乡村治理。一是弘扬优秀文化，促进乡风文明。如漓渚乡贤参事会借举办"兰文化节"之机，结合"漓渚好棒样"评选表彰，重点弘扬外出乡贤创业拼搏、回报乡亲的精神，获得了乡亲们的好评。二是组织慈善公益活动，开展扶贫济困。绍兴市鼓励部分事业有成、经济条件好的乡贤资助本村公益事业发展。如樊浦村29位乡贤共同捐资167万元翻建村文体活动中心，新河村乡贤出资1 500万元建立了乡贤冠名基金等。三是积极引导资本回流、投资项目，促进家乡产业发展。乡贤参事会将外出经商人员聚合起来，为乡村经济发展聚集了大量资金。如漓渚乡贤徐洪尧、刘建明等花木商在漓渚或周边乡镇投资过亿元，并主动牵线搭桥，使漓渚镇浙商每年回归资本额达到2亿元。四是参与公共事务管理，为村"两委"提供决策建议。各村乡贤密切联系群众，广泛收集村情民意，及时向村"两委"反馈，维护了村民的切身利益。五是化解邻里矛盾纠纷，促进社会和谐。许多村基于乡贤参事会成立了乡贤调解会，汇聚了许多有能力、有威望的贤达人士，他们通过发挥亲缘、人缘、地缘优势，化解村民的矛盾纠纷，构建和睦的邻里关系，维护基层和谐稳定。

（四）强化保障机制

为鼓励乡贤更好地参与乡村治理，绍兴市建立了乡贤治理的保障机制，体现在三个层面。一是给政策。市委、市政府制定出台《关于培育和发展乡贤参事会的意见》和《实施细则》，对乡贤及其组织参与乡村治理，从基本原则、培育路径、培育措施和工作保障等方面予以明确。各地还结合本地实际，制定出台具体操作意见，对乡贤及其组织捐资助学、修桥补路、扶危济困等公益行为给予精神或物质奖励。二是给荣誉。绍兴市各地建立乡贤荣誉激励机制，开展"优秀理事长""优秀理事""模范乡贤""杰出乡贤"评选活动，对作出积极贡献的乡贤和乡贤组织给予表彰奖励，并在电视、报纸等媒体上广泛宣传其事迹。三是给职位。绍兴市瞄准新乡贤群体，吸纳杰出乡贤加入党组织，支持乡贤依法参与村"两委"选举，并推行杰出乡贤"挂职村官""乡（镇）长顾问"等制度。截至 2016 年 3 月底，全市共有 1 060 名乡贤担任村干部，其中有 25 人担任村党组织书记或村委会主任。这些制度体系建设为乡贤治理搭建了规范的平台，赋予乡贤们一定的社会地位，鼓舞了更多乡贤回乡创造价值。

三、开展乡贤治理的效果

绍兴市乡贤治理引起社会的广泛关注，得到了浙江省委、省政府的高度认可，其方法、经验也在逐步推广，主要效果体现在：

（一）推动农村公益事业建设

乡贤参与治理在推动农村公共设施建设、帮扶弱势群体上成效显著。截至 2016 年 3 月底，绍兴全市乡贤参事会及其会员募集各类资金 12 715.2 万元，引进项目资金 67 905 万元，积极参与修桥铺路、建设文化礼堂、奖教助学等公益活动。全市乡贤参事会共发放困难户慰问金 1 291.4 万元。一些乡贤每年坚持出资为全村村民办理农村合作医疗保险，并热心慰问老年人、残疾人。在上虞区祝温村，乡贤参事会募集了 50 多万资金成立关爱基金，在支持贫困学子就学、改善孤寡老人生活状况、兴建体育文化设施等公益事业上扮演了重要角色，成为该村社会治理中的一大亮点。

（二）维护农村社会稳定和谐

乡贤参事会及其成员凭借较高的声望，运用自己的经验和智慧，热心参与邻里矛盾纠纷的调解，保障了基层社会和谐有序地发展。截至 2016 年 3 月底，在 20 个月内，绍兴全市乡贤共调解化解矛盾 2 351 起，调解成功率高达 96.4%；乡贤参事会及其成员还在村民和村两委之间架起了沟通的桥梁。全市乡贤们为村"两委"提供决策咨询 2 905 条，收集村情民意 10 377 条，为村民构建起表达利益诉求的新渠道，提高了村级决策的民主性和科学性。2015 年 5 月，美国佛罗里达州罗林斯学院姚渝生教授来到店口镇湖西村调研，这位对中国现代化进程与乡村建设问题研究有浓厚兴趣的学者说："士绅传统在店口复苏了。"

（三）带动农村乡风民风好转

在农村环境综合整治、"五水共治"、畜禽清养关停、农用船舶整治、创建"无违建"村等活动中，乡贤带头创建庭院整洁户、花卉示范户、清理乱搭乱建，发挥了良好的示范作用。同时，乡贤利用自身威望和人缘，化解众多矛盾纠纷，建立起了融洽的邻里关系，并广泛开展节日老年人慰问、困难群众救助、贫困学生结对助学等活动，有效带动了乡风民风好转。一些优秀乡贤具有诚实守信、敬业奉献、遵纪守法、热心公益等高尚品质，他们以身作则、践行理想，给村民们树立起了良好的榜样，给予了村民奉公守法、友爱村里的强大动力。

（四）促进农村经济持续发展

外出回乡的乡贤不仅为故乡争取特殊政策、创办特色产业，带动农民收入的提高，而且传播了全新的产业发展理念。绍兴上虞乡贤积极介入当地经济发展，从大龙山开发、祝府兴建、英台故里的文化环境营建，到舜耕大米、谢安家茗、白马湖水产等品牌的文化包装，都凝聚着乡贤的智慧和力量。嵊州市乡贤、绿城房地产老总宋卫平回乡投资 20 多亿建设嵊州绿城现代农业综合体。新昌县乡贤丁利明辞职回乡种植中药材，编药典、撰茶文，计划把家乡打造成以胡庆余堂为依托的中医药养生文化旅游基地。乡贤已不仅仅是绍兴市的文化招牌，更逐渐成了促进其经济发展的新动能。

四、开展乡贤治理的启示

（一）乡村治理要将"法治"和"德治"紧密结合

促进乡村社会和谐健康发展，不仅要用好法律法规等制度，还要遵循"熟人社会"的游戏规则，运用好传统农村社会的协调方法。乡贤们不仅了解乡土文化，还熟悉现代社会规则，他们受过传统文化熏陶，在成长中也积累了现代经营理念。因此，乡贤参与治理打通了乡土社会跟现代社会之间的壁障，成为现代公共管理和传统人文治理的结合点，成为"法治"和"德治"紧密结合的纽带。乡贤治理有利于消除当今村级管理中行政色彩过浓、刚性命令过多的弊端，实现乡村的多元共治，高效率、低成本地解决具体的乡村发展难题，进而团结村民、保障稳定、实现发展。

乡贤治理代表了乡村社会人文精神的复兴。但是，乡贤治理终究是人的治理，在推动乡贤治理的过程中，绝不可矫枉过正，把希望寄托在少数人身上。不能让所谓"德治"战胜"法治"，允许乡贤扮演"家长"角色、实施全能式管理，侵害普通群众的政治自由和权利。正确的思路应该是把乡贤组织有机地融入现代乡村治理体系中，将乡贤治理引导、规范到法治的轨道，尤其要坚持完善党领导下的村民自治制度，切实保障村民的主人翁地位，将乡贤治理作为有益的补充。

（二）需尽快加强乡贤治理的制度化建设

乡贤治理的制度化建设能够为乡贤参事会的运作提供保障。绍兴市绝大多数村庄都成立了乡贤参事会，但乡贤参事会存在成员结构不全面、功能定位不清晰、内部运行机制不完善等问题。一些乡贤参事会成员以"官""富"人士为主,文教卫工作者较少。"不在场"乡贤多,"在场"乡贤少。部分村民对一些乡贤感到陌生、怀疑,有的地方乡贤参事会成员更像是荣誉头衔,乡贤参事会只是空架子。乡贤参事会的许多工作仍是临时、偶然的,时间久了难免有"人走茶凉"的问题。因此,要加强乡贤治理的制度化建设,完善乡贤治理的成员构成,坚持以德为先,重视"文""德"乡贤,注意培养本土精英。要进一步明确乡贤参事会的功能定位,坚持以参与乡村建设、支持公益服务、反馈民情、调解纠纷等为宗旨,防止蜕变异化。要鼓励符合条件的乡贤参事会申请社会团体登记,在乡村治理中获得更为规范的地位。要完善乡贤参事会工作机制,建立健全章程和运行制度及工作例会制度、财务公开制度等。应该把一些效果卓越的、村民满意的、社会影响力较大的项目固定下来并纳入村庄发展规划,避免后续工作开展乏力、乡贤组织沦为形式等问题。

(三)要鼓励乡贤夯实农村经济基础

要从根本上改善乡村治理现状,必须切实壮大集体经济,夯实农村经济基础,使村级组织拥有统一支配的雄厚财力,有钱为村民办实事、办好事。现阶段在兴办农村公共事业、帮扶弱势群体等方面,乡贤参与的方式仍以捐款为主、比较单一。作为乡贤治理颇有成效的村庄,上虞区祝温村十余年来共募集1 700多万元用于村容村貌美化、村公用设施修建和环境整治等,但是村级财务高度依赖乡贤的个人捐款,而集体经济依旧比较薄弱,这样的乡村治理模式显然不够稳固,不能持续。农村应更多地鼓励乡贤以项目回迁、资本回流、技术回援等方式支持故乡经济发展,开发利用村里自然资源,投资发展现代农业、乡村旅游,努力壮大村集体经济实力,给予村级组织更加丰富、稳定的资金来源,满足乡村治理各项事业的需要。

能人在乡村治理中的带动作用

实现乡村振兴需要充分发挥乡村能人的引领作用，一些乡村能人成长于本乡本土，还有一些能人来自其他地方，无论来自哪里，他们所从事的行业都与本乡村有着紧密的联系，能带动广大村民群众一起干。有了能人的带领和示范，广大村民群众就可以见贤思齐，共同为乡村振兴贡献力量。

一、能人支持乡村桃产业的发展

笔者在浙江省平湖市姚浜村调研水果专业合作社时，七月正午阳光正盛，穿过村里的林荫路，看到一排彩钢顶的房子，房子后面是栅栏围起来的桃园，合作社的负责人李静娟接待了我们。在交谈中得知，李静娟从前未从事过农业，外表柔弱的她性格十分坚韧，敢想敢做，通过努力，从农业经验一片空白的城里人化身为合作社的种植管理技术总监，把合作社办得红红火火，成为当地有名的水蜜桃供应商，既实现了自己的价值，又带动了村民致富。

（一）重视知识储备

成立合作社前，李静娟在一家彩盒包装厂工作。由于与厂里有业务合作的多是水果商人，李静娟有时也会和他们交流，从中了解些水果种植、营销的相关信息，慢慢萌生了做水果生意的念头。李静娟在多方考量后决定从种桃做起。她意识到自己缺乏相关的种植专业知识，于是在网上寻找各种学习资料自学。学习过程中李静娟发现日本种桃技术比较先进，品种也优良，她迫切地想学习这些新技术并购买到优良品种的桃树苗。她找朋友买到了关于日本水蜜桃栽培技术的书籍，没有日语基础的她请来懂日语的亲戚朋友帮忙翻译，就这样一点一点地积累着相关知识。

要盈利就必须发展规模经营，成立合作社是规模经营的重要手段，而且能在政策上得到多种支持。在研究了相关政策之后，李静娟发起成立了水果专业合作社。她根据桃树的生长习性，经过多方调研后，最终把种植基地选在姚浜村。2014 年，她与村里签下了租用 50 亩土地 15 年的合同，在她的设计下，桃树种植正式开始了。

（二）丰富产品内涵

"我这里的水蜜桃是日本品种，采用了完全不同于传统的种植技术，桃子不仅产量高，而且特别甜！"在储藏桃子的仓库里，李静娟介绍了这些桃子的特别之处。她把日本的 12 种优良品种桃树苗引进了桃园，采取不同于一般的稀植栽培管理技术，大胆采用了全新的主干密植技术，每亩种 145 株树苗，用水泥柱子和铁丝把桃树固定住，大大节省了桃园空间。采用这种技术后，枝干裁剪固定全部向上伸展，提高了光能利用率，结出的果子更均匀地承接光照，增加了甜度。虽然桃树种得密集，但每棵看起来都很精神。李静娟在园里采用自然农耕的方法，种植亲环境的有机桃。在桃园里大量施放有机肥，在地上挖出垄沟用来灌溉稀释过的水果酵素，帮助土壤恢复自然的生机。通过喷洒酵素来防虫，避免使用农药。先进种植技术的应用和管理方式的改善，使桃子的品质大大提升了，也为桃子提升了价值。

桃园里的桃子品种多，从 6 月中旬起就开始成熟，一直持续到 10 月下旬，每亩地能产 3 000 公斤左右的优质桃。李静娟把品相好的桃子挑出来作为商品出售，其他大小不一的桃子分送给亲戚、邻居、敬老院，落地的烂果子做成酵素用于喷洒桃树防虫和灌溉改良土壤，桃子由此实现了它的经济价值、社会价值和生态价值，桃园自身形成了良性循环。

（三）精准定位市场

随着人们生活水平的提高，高品质水果越来越受到消费者的青睐。李静娟注意到了这一点，她在一开始就种植高品质、无公害的水果，将产品的销售精准定位在中高端消费市场。李静娟为水果注册了"探花村"商标，并同之前工作过的彩盒包装厂合作，制作专有的礼盒，把水果装箱销售。在合作社里我们看到每个礼盒装着 12 个大小均匀的水蜜桃，重 3 公斤左右，这样的礼盒售价 120 元一箱，算下来水蜜桃每公斤 40 元，平均一个要卖 10 元，比一般的桃子售价贵好几倍。李静娟在每个盒子里都会放一张自己的名片，这样"客人每送出去一箱桃子我就多一位潜在的顾客，售出去十箱，就有十个潜在的顾客了"。

李静娟分别在网络微店和实体店销售水果。由于水果的高品质加上网络营销方式，"探花村"水蜜桃的品牌打响了，销路十分通畅，购买甚至需要预定，很多购买者都是慕名而来，北京、上海、广州等地的订单应接不暇。在销售旺季，李静娟和合作社的成员早上 4 点多钟就来采摘桃子，根据订单及时装箱发货，每天都维持着这样的循环。

二、外来能人支持乡村现代农业发展

笔者在广西壮族自治区调研时，探访了合山市北泗镇 2 000 亩的农业产业示范园。此时的合山春耕正忙，土地阡陌连片，水牛在稻田中静静甩着尾巴，一派田园风光。进了示范园，一片花海映入眼帘，示范园的负责人徐精文接待了我们，他是浙江金华人。这个外乡人不仅给当地带来了新的经营理念，而且通过发展农业多种经营，为当地农民提供了就业机会，带动了当地的经济发展。

（一）机缘巧合，开启农业篇章

徐精文大学毕业后，在金华市做过 13 年的公务员，后下海创办企业，涉及纺织、酿酒、矿石开采和矿业设备等领域，丰富的经历为他积累了做实业的经验，也积累了资金，但同时也积劳成疾。2005 年，徐精文被查出肝硬化晚期，兼有几个肿瘤，医院让他放下工作，好好回家调养身体。于是，徐精文回了老家，闲不下的他在金华武义县一个离县城 12 公里的山区租了 200 多亩荒山，建了一个山庄，每天亲近土地，通过种田调养身体，八年后身体竟基本康复了。2014 年，徐精文看到一篇关于褚时健在 75 岁时开始种橙子，到 85 岁高龄时种植了万亩果园，开辟了新的事业篇章，他心里久久不能平静。思虑再三，徐精文决定拜访褚时健，一个人开着车到了云南，顺利参观了褚时健的果园，听取了他创建果园的经历和管理经验，深受启发。徐精文下定决心，自己也要创办一个适合闲居、与鲜花水果为伴的农庄。

设立目标后，徐精文开始为自己计划中的农庄选址，他从云南出发开始漫游，途经贵州、湖南、江西、广西等地，实地了解并研究当地的气候、温度、土壤、环境、民风、政策和发展规划等，最终选在广西合山市。合山市地处广西的中心位置，在北回归线上，年平均气温 21.9℃，自然条件正好满足徐精文对农庄的期望。

合山市素有"广西百年煤都"之称，随着煤炭资源的逐渐枯竭，合山市转变发展思路，把原矿区进行改造，招商引资，发展工业旅游，发展高效特色农业，扶持龙头企业和合作社发展，通过这些方式开流活源，推动地方经济的发展。徐精文的农庄打造计划与当地的产业支持政策不谋而合，当地招商局热情接待了他，并召集农业、林业、水利等部门查看了三个镇合适的地块，最终计划落脚在北泗镇。

（二）创新思维，实干积累经验

合山市的传统农作物是水稻、甘蔗、花生，这些作物每亩地利润在 400～800 元，整体收益比较低。当地很少有人种植鲜花水果，因为既无好的种苗，也很少有人懂相关技术，更怕种了之后销不出去。徐精文认为，合山市得天独厚的自然条件正适合种植花果。他得知三角梅是南宁市花，且花期长、生产周期短，于是他决定从种植三角梅开始。

徐精文虽然对三角梅的生产管理一无所知，但他勇当学生，让妻儿协助自己在网上寻找资料，放大字体打印出来一点一点地学习。只要听说哪里有种植三角梅，他就实地向种植农民请教生产管理技术知识。在充分学习后，他临时租了河里镇三十亩荒地，开始种植。第一天修剪枝条，徐精文的双手被扎破几十处，衣服裤子也破了，一只鞋底就扎了几十根刺，但他坚持下来了，一周时间独自插了近 2 万株三角梅。与此同时，他开始组建自己的团队，招收 10 多名生产工人和技术人员，帮助有三角梅母本的单位和农户进行义务修整，把修整下来的枝条拿回去当种苗，这样双方都能得利，他自己也就慢慢扩大了种植株数，积累了宝贵经验。2016 年 1 月徐精文承包了北泗镇的坚果庄园，在原有 1 000 亩土地的基础上，还流转了附近农户的部分土地，形成了 2 000 亩的经营规模。

（三）丰富内涵，构建销售网络

徐精文的团队设计了"四季鲜花四季水果"的主题，套种了不同生长期、以"新、奇、特"为特征的果树和花卉，并根据不同产品的特点分产定销。徐精文和周边五个省市的经销商建立了合作关系，以省或区划分市场，每个经销商下设不少于四十个网点，统一销售，统一价格。徐精文在广西主要地级市也找到了合作商，通过省际网点、当地网点、电商和园内销售的方式建立起了销售网络。

2016 年，花果园以花卉销售为主，主打产品为三角梅、玫瑰花、茉莉花和美国紫薇。除美国紫薇主要供应绿化商和园区观赏外，其余三种产品重点开发盆栽，推行一次性销售策略，三角梅远销到河南以及长江三角洲地区。玫瑰花主要产地在河南，引入公司后实现南北花卉互调，方便运输，减少成本。

花果园种植了美国系列红桃、油桃、热带苹果、彩色香梨、澳洲坚果和台湾凤梨释迦、香水菠萝等果树，水果采摘期从 4 月持续到 10 月。花果园销售水果采用一级果精包装，依果的大小 5 个或 2.5 公斤一盒，价格在 80～120 元。花果园还有婚纱摄影基地、儿童乐园、农家乐、休闲宾馆等设施，游客周末和假期前来探访，他们主要来自车程 2 小时以内的柳州、来宾、南宁等地，以自驾游和家庭游为主。结合节日和花果四季的生长情况，花果园一年举办 4 至 6 次活动，即三月三桃花旅游节，五月采摘节加鲜花展，六一儿童节、七夕情人节主题活动，八月中秋晚会，国庆节及元旦、春节等主题活动，通过举办各项活动吸引游客。

（四）股份合作，共享经营收益

2016 年 7 月徐精文在花果园公司旗下组织成立了两个合作社，一个主管水果生产管理，另一个主管鲜花与种苗，下设生产部、技术部、营销部、财务部和游客接待中心。2017 年又成立了两个合作社，一个主管旅游服务，包括儿童乐园、烧烤、茶馆、饭店、民居、露营等，一个主要涉及电商及销售。徐精文计划通过细分合作社运营，让花果园成为集旅游、休闲、采摘为一体的综合性农庄示范园景点。

花果园采取股份合作制，管理人员、技术员、生产组长及优秀职工，可以按级别和工种入股，每股 2 000 元，最多入十股，最少入一股，由合作社股东和主要管理人员会议讨论确定股权数量，通过这种方式让员工共享收益，并激励员工努力争优。据徐精文介绍，在制度设计上，每年公司无论是否有利润，利润多少，股息都按每年 10% 计算发放，利润按大家实际投资的金额占合作社总投资的比例分红，在每年 12 月底结算。

三、能人参与乡村治理的启示

在李静娟的努力下，合作社实现了技术、品牌、营销等现代要素的聚集，这是桃树种植和合作社发展在产业形态和商业运作模式的升级。不同于当下农村务农人群老龄化和低水平化的普遍情况，在李静娟的身上，我们看到了新的农业主体为古老农业产业注入的新生机。她思路清晰，有闯劲儿，虽然是从未做过农业的城里人，却能通过重视知识储备、丰富产品内涵、精准定位市场，成功开辟出了这一片为农业未来发展带来希望的"新桃园"。

徐精文把示范园的真实面貌展示给所有对农业发展有兴趣的人。他不仅给当地带来了资金，还带来了创新的发展思路、成熟的运营模式，花果园已经有了现代农业产业园的雏形，不仅丰富了农业的内涵，拓展了功能，还带动了当地农民增收，为当地带来了产业脱贫致富的新思路和新希望。

乡村中像李静娟和徐精文这样的能人不在少数。一些地方还出台政策积极支持能人发挥作用，例如，安徽省六安市就专门印发了《关于加快农村产业发展带头人培育工作的通知》和《关于推进农业特色产业"138＋N"工程的实施意见》，对支持产业发展的带头人进行系统部署。实践证明，乡村能人见多识广、经历过社会和市场的历练，大多具有较强的创业、技术和营销等能力，能带动当地农业产业实现规模化、产业化发展，带领村民共同增收致富，甚至能为村民树立榜样，成为带动乡村产业发展的带头人和乡村德治的领头人。他们更容易成为维系乡情的地域文化标记和精神纽带，成为乡村建设的引领者。他们也完全可以凭借其在村民中的威望，在乡村治理中发挥积极的作用，为解决乡村治理的难题起到事半功倍的效果，促进加快构建起以自治为基、法治为本、德治为先的"三治融合"乡村治理新机制。

乡村治理中小微权力管理模式

为了规范干部工作流程，杜绝农村干部腐败行为的滋生，缓和干群矛盾，提升基层政府公信力，提高乡村治理水平，浙江省部分地区制定了农村小微权力清单，开展农村小微权力管理。

一、浙江省开展农村小微权力管理的背景

（一）促进农村经济稳定发展的迫切需要

改革开放以来，浙江省的经济发展迅速，经济实力不断提升。浙江省的农村在促进经济发展进程中扮演了非常重要的角色：一是为工业化城市化提供了大量的土地资源，二是为工业化城市化提供了大量的劳动力资源，三是为工业化城市化提供了丰富的丝、棉等原材料。与此同时，浙江省的农村基础设施也得到了较好的改善，交通越来越便利，水利电力设施更加健全，居住环境有了质的提升。部分农村的集体经济也得到了极大的提升，涉及并管理的资金少则几千万元，多则几十亿元。农村集体资产的保值增值、发展民生事业的要求越来越迫切，广大农民群众对涉及自己切身利益的信息透明度要求越来越高。一方面表明农民群众对村级事务关注度增加，对基层服务水平要求不断提高；另一方面确实存在农村权力寻租行为、基层服务不到位的现象。因此规范村干部权力行使，改进乡村治理手段迫在眉睫。

（二）创新乡村治理手段的现实需求

近年来，城市社会治理改革创新力度很大，发展迅速，但是乡村的治理相对滞后。以往乡村治理的困难主要是征收农业税和抓计划生育等，如今这些问题已经完全解决。随着农村社会经济的发展，新的社会矛盾突显，原有的治理方式迫切需要创新。首先，基层干部大部分精力都投入到引导经济发展和社会管理中，包括政策制定、招商引资、土地规划、后续管理等，任务多，负担重。其次，部分农村外来人口多，流动性大，不同文化习俗的人混住在一起，各方诉求不一，导致社会矛盾激增。再次，部分农村集体资产数额巨大，农民群众对资源分配要求不同，协调困难。最后，基层干部存在工作简单粗暴，故意刁难等行为，严重损害了农民群众的利益，导致政府公信力下降。为了促进农村社会和谐发展，浙江省开展了乡村治理方式的改革创新，推行农村小微权力管理。

二、农村小微权力的管理实践

2013 年以来，宁波市通过广泛听取干部群众意见，列出村级事务所涉及的所有权力，并制定小微权力清单，绘制小微权力清单中各项权力的运行流程图，公开化运行小微权力，并在宁海、北仑、象山、余姚等地试点运行。通过运行小微权力，农村干部提高了廉洁自律意识，农村社会运行更加稳定，小微权力清单"限权、定责、保利"的法治逻辑为构建依法治村提供了有效路径。宁波市推进农村小微权力运行的具体做法是：

（一）广泛听取干群意见，制定小微权力清单

为了规范农村小微权力运行，约束农村干部权力扩张，遏制农村腐败蔓延，宁海县纪委牵头制定了农村小微权力清单。由于农村小微权力管理涉及多部门以及多方利益，为了让小微权力清单充分体现结合实际、惠民利民原则，清单出台之初，宁海县纪委一方面深入农村基层一线，广泛听取基层干部群众的意见，结合实际情况汇总分类村级组织及村级干部权力事项，清单中涉及村级集体管理 40 余项，便民服务 20 余项；另一方面争取农林、民政、国土等20 多个涉农职能部门的支持，在便民利民和促进农村经济发展的原则上，充分协商梳理出村级事务权力清单。清单中有 19 条涉及村干部在村级重大事项决策、项目招标管理、资产资源处置等集体管理事务，17 条涉及村民宅基地审批、困难补助申请、土地征用款分配等便民服务事项，基本实现了村级组织和村干部行使村务权力内容的全覆盖。小微权力清单的制定限制了各方权力，打破了暗箱操作局面，是便民利民的有力举措。

（二）公开运行小微权力，打造阳光村务工程

农村小微权力公开运行包括：一是小微权力清单公开化，让群众和干部明确哪些小微权力属于清单以内的事项；二是小微权力运行流程图公开化，群众对于小微权力运行中村干部的工作规范和流程了然于心；三是重大事项公开化，既有重大事项会议表决结果公开化，又有重大事项实施情况公开化。试点乡镇推行"阳光村务"工作，明确界定村民代表会议、两委联席会议、村党组织书记、村委会主任以及其他干部职责权限，所有重大事项通过党员群众建议、村党组织提议、村务联席会议商议、党员大会审议、村民（代表）会议决议决策。村务联席会议主要讨论研究和商议村务日常工作，对应当由村民（代表）会议表决的重大事项提出意见和具体方案。《浙江省村级组织工作规则》明确了村务联席会议组成人员、召集人、议事规则等。村务联席会议规定，只有到会人数超过应到会人数的三分之二，会议方为有效；实行少数服从多数的民主决策机制，赞成票超过应到会人数的半数，作出的决定方为有效。

（三）加强各方全面监督，防范违法违纪行为

乡村治理监督采取内部与外部结合，发挥群众和干部等多方力量，全方位进行。首先，建立健全村务监督委员会，对村务特别是村级重大事项的决策和资金使用情况进行全程监督，监督村干部是否按照"小微权力"清单上的流程进行权力运作。涉及的资金必须要经过村务监督委员会和乡镇会计或者第三方的审核通过后才能入账。其次，建立村级网络信息公开平台，对小微权力运作流程进行实时监督，定期公开每一项村务的操作过程。再次，利用村民会议、村民代表会议和村务监督委员会共同监督，及时与乡镇街道纪委人员保持沟通，对清单上的事务内容进行监督。同时加强对村干部的制度考核，要求村两委按照清单上的内容每月报告一次，及时发现有关问题并严格制止。

（四）制定干部考核机制，提高廉洁自律意识

小微权力清单归根到底需要依靠村干部来执行，只有村干部加强为民务实和廉洁自律意识，才能真正便民利民，起到规范和监督作用。为了促进农村干部干净干事，宁海县政府牵头制定了《农村干部十条行为规范》，从执行上级党委政府决策部署到服务群众不吃拿卡要等 10 个方面，对村干部廉洁从政行为提出具体要求。宁海县纪委和县委宣传部联合宣教，对党员干部进行培训教育，重点是培训《村务工作权力清单 36 条》，对其内容进行深入解读。村干部在竞选时签订农村基层干部廉洁履职规定、廉洁履职承诺书、辞职承诺书，不断加强村干部自身的廉洁自律意识。

（五）争取基层干部支持，逐步扩大试点范围

农村小微权力清单牵涉到各级部门的利益，部分政府部门认为小微权力清单的设置影响了其对村民自治事务的管辖权，配合程度不高。部分村干部更是受到了小微权力清单的限制，减少了违规捞取好处的机会，也降低了参与选举的积极性。但是大部分乡镇干部认可农村小微权力管理，认为这种管理能大大提高乡村治理水平，在很大程度上消除农民群众的不满情绪。宁海县纪委一方面争取县级涉农职能部门的支持，与之共同制定小微权力清单；另一方面争取乡镇领导支持小微权力清单的推广，通过开会动员、统一思想和政策宣传等方式，推动基层干部参与小微权力运行。宁海县纪委正逐步扩大试点范围，在各乡镇推广运行小微权力清单。

三、农村小微权力管理的成效

农村小微权力清单的出台和运行流程图的绘制，厘清了基层干部权力界限，规范了村干部的权力运行，落实了权力行使责任人，避免了相互推诿和不作为情况的发生。同时，小微权力运行流程公开化，使群众知道哪些事项该找谁、如何办，对村干部的服务起到了较好的监督作用。主要成效体现在四个

方面：

（一）厘清了干部权力界限

小微权力管理最开始从明确干部权力界限着手，明确村党组织负责人为行使小微权力的第一责任人，对小微权力规范运行承担主体责任。村干部了解自己的权力范围，明确哪些能做，哪些不能做，通过细化和落实每项小微权力行使的责任主体和违反操作规程的责任追究措施，做到职权明晰、权责一致，对越位、错位行使小微权力的村干部实行问责。构建党组织统一领导，村（居）委会组织，服务中心承担事务的"一委一居一中心"新型城乡社区治理体制，形成职责明晰、分工协作的工作机制。

（二）提高了群众办事效率

农村小微权力管理对每项小微权力的运行绘制流程图，编制相应的运行规范和流程，切实做到每项村务工作的事项名称、实施责任主体、权力行使依据、权力运行流程、权力行使过程的公开公示以及违反规定的追究办法等"六个明确"。根据相关规定，编写《农村小微权力操作手册》，绘制了45张小微权力流程图，明确村级组织、村干部等权力主体的岗位职责，确保农村小微权力运行"一切工作有程序、一切程序有控制、一切控制有规范、一切规范有依据"。通过以上措施，大大减少了以往干部不作为，相互推诿，故意刁难，吃拿卡要等现象。群众办事有据可依、有人可找，还享有一次性告知、限时答复、按时办结等权利，大大提高了办事效率。

（三）缓解了干群矛盾

干群矛盾的核心是信息不对称所致，群众不知道村干部是否有腐败或者不作为行为，面对村干部的刁难也不知道他们是否按照业务流程办理。长期以来，农民群众没有渠道了解干部的权力是如何运行的，是否符合群众的切身利益。小微权力清单的出现，解决了群众与村干部之间的信息不对称问题，不管是群众还是村干部，都有据可依。群众对村干部的行为不再是将信将疑，面对相关政策和重大决策都能第一时间获取信息。信息透明很大程度上缓和了干群矛盾，大大提高了基层政府的公信力。

（四）减少了制度漏洞

农村小微权力清单的出台，减少了乡村治理的制度性漏洞，使乡村治理向法治轨道迈出了重要一步。以往乡村治理没有具体公开的行为规范，权力行使长期处于暗箱操作的状态，由于监督管理不到位，基层干部容易发生腐败行为。农村小微权力清单的出台，建立了一套有效的基层治理体系，规范了村干部的工作，公开了小微权力运行流程，加强了乡村治理的监管力度，将小微权力关进制度体系的牢笼，减少了村干部发生违法违纪的可能性。

四、农村小微权力管理的几点启示

（一）治理能力必须与经济发展要求相适应

以往农村集体经济不发达，涉及重大村级事务少，公共利益分配矛盾不突出，农民群众主要关注如何让自己富起来，对于村级事务关注度不高，乡村治理相对简单。如今，农村集体经济发达，群众的物质条件极大富裕，既造就了当地大量的就业机会，又使当地农民群众分配到丰厚的公共利益。因此，在涉及重大切身利益的情况下，农民群众对农村事项的知情权和参与度的需求明显提升，现有的治理体系无法满足，急需提高治理水平。

（二）治理创新动力源于治理难度大

浙江部分乡村治理难度大体现在四个方面：一是浙江农村有大量的工厂，外来劳动力长期生活在农村，人口流动大，结构复杂，社区矛盾多；二是浙江部分农村集体经济发达，村干部既要管理村内集体经济事务，协调各方诉求，又要执行上级部署，任务多负担重；三是农民群众对参与涉及切身利益的村务诉求大，对基层服务要求高；四是现有管理体系下，村干部利用手中权力贪腐的行为时有发生。因此，浙江乡村治理面临的社会矛盾多、难度大，现有的治理体系难以满足各方要求，需要改革创新摸索出符合实际情况的治理体系，给小微权力清单管理提供了空间。

（三）提高各方参与的积极性确保治理成效

基层干部在我国行政体系中的地位低，福利待遇差，小微权力清单的出台直接切断了他们的灰色收入来源。试点初期，一些村干部的积极性不高、参与度低，推进小微权力清单管理应该根据当地实际情况，提高基层干部收入，制定奖励机制，将基层干部的福利待遇与乡村治理效果挂钩，治理考核达标的给予奖励。在推广过程中，地方政府要结合实际理解该项政策的实质内容和目的，鼓励进行改进创新。

"街乡吹哨、部门报到"乡村治理模式探索

近年来，北京市平谷区立足实际，围绕服务民生，探索出了"街乡吹哨、部门报到"的乡村治理模式，打通了制约乡村实现有效治理的"最后一公里"。平谷区的"街乡吹哨、部门报到"模式是乡村治理的重要创新，是推动国家治理体系和治理能力现代化的重要探索，是解决乡村发展现实问题的重要举措。这一"吹哨报到"模式不仅在平谷区乡村治理中得到有效应用，而且在城市社区治理和北京市其他区域不断推广。

一、明权明责明法

在"乡镇吹哨，部门报到"模式形成以前，很多单位领导对自己所在单位在乡村治理中应该干什么、执法依据是什么等问题，认识不清楚，导致工作中"能躲就躲"。由于权责不清，乡镇在面临具体问题时，不知道哪个部门直接负责，冲谁吹哨；由于权责不清，部门相互推诿比较普遍，很多问题因此而久拖不决。

"明责"就是各单位亮出法定职责，相关责任部门会同组织、编制、司法等单位，结合"三定方案"和相关法律法规，逐级捋清职责，划清责任边界，有效杜绝推诿扯皮现象。在城乡环境和污染治理、安全生产监督管理等问题上，先后明确51个部门620项重点工作事项，压实专项责任。例如，区安监部门进一步明确了安全生产"主体责任、行业管理、行业监管、专项监管、综合监管、属地管理"六方责任，出台了《平谷区安全生产专责专章》，包括20项综合监管通则及81个重点部门专责。

"明权"就是在理清属地和部门权责关系的基础上，明确各部门的法定权力，杜绝"权力上行、责任下行"，实现权责匹配。2016年至2018年，平谷区制定"9＋X权力清单"（行政许可、行政处罚、行政强制、行政征收、行政给付、行政检查、行政确认、行政奖励、行政裁决和其他类别），梳理完成35个区属部门9 921项权力，权责关系进一步理顺。

"明法"就是全面梳理各部门的法律法规。邀请法学专家和乡镇部门共同从法理、实践等层面论证，理清部门职责法理难题。对"吹哨报到"的召集、运转、行刑衔接、督查、考核、问责等工作机制做了具体规定，确保有法可依、执法必严。

二、制定三张清单

乡镇干部面对具体治理事项不知找谁解决，由于缺乏考核问责的依据，存在执法流于形式等现象，为此特别制定了三张清单。一是问题清单，即全链条问题清单，在对全境全要素全链条问题进行全面排查的基础上，列出问题环节点位要素，作为整改的方向和街乡召集相关职能部门的重要依据。二是权责清单，即根据问题清单，通过执法的情境、空间、对象来确定法律依据，明确执法主体及其法定职责，避免属地乱吹哨、部门推诿扯皮，大大减少了行政沉没成本。三是绩效清单，作为评价部门"报到"成效的重要依据。采用权责清单对问题清单销账，通过日工作报告、周工作汇报、区专项领导小组办公室书面通报等形式，及时反映问题解决的进度和效果。

三、建立协同机制

街乡吹哨后，一个问题有时只需要一个部门就可以解决，有时可能需要多个部门参与。在"一门主责，其他配合"的协同机制作用下，每个问题都确定了主责单位和配合单位。为防止问题解决后出现反弹，街乡还必须建立日常监管机制。

街乡吹哨、部门报到。乡镇街道建立了"实体化综合执法平台"，根据问题及时吹哨，召集部门报到。公安、城管、食药、安监等执法任务量一直比较大的单位，采取席位制常态化派驻一线；对平时执法任务不多的单位，要求接到通知后 30 分钟内到达现场补位执法。

一门主责、其他配合。针对乡镇"有限资源、权能不足""看得见却管不了"、相关部门"条块分割、协同不力""管得了但看不见"，部门和街乡之间的响应联动机制不健全等问题，强调具体问题具体分析，规定一门主责由牵头部门落实，其他部门配合协同执法。

部门要求、街乡落实。部门集中查处违法行为以后，乡镇街道共同开展常态化治理，巩固成果。在畜禽养殖粪污治理工作中，平谷区农业农村局统计了畜禽规模养殖场、养殖小区和所有的散养户的数据，并建立养殖数据库，包含养殖场户地理信息、养殖概况、粪污治理和资源化利用方式、周边河流概况等内容。区农业农村局会同区生态环境局还专门制定了《平谷区畜禽养殖粪污治理基础设施建设技术指南》，要求做好常态化粪污治理工作。

四、构建三重保障

在党组织的领导下，实现各个部门工作的有效调度和整合，对"吹哨权"提供有效的保障，确保落到实处。

党建引领强化作风保障。针对重要的专项工作，建立临时党组织，统一指挥。转变干部作风，鼓励干部担当作为。

"三在一听"强化机制保障。探索实施了"三在一听"考核制度，即"在哪吃饭，在哪干活，在哪考核，听哪指挥"，乡镇根据部门"报到"履职情况打分。在"我爱平谷""平谷官话"等微信、微博、短视频等新媒体平台上，经常搜集民意，做到群众的诉求在哪里，回应就在哪里。

模拟问责强化纪律保障。针对具体问题，列出由于执法偏差可能导致的相关党政问责、行政执法责任追究等不良后果。对执法人员及时提醒和警示。

五、赋予基层四权

召集权，乡镇出现需要解决的问题，有权及时吹哨召集相关部门人员在规定时间内报到。指挥权，乡镇负责人可以对前来报到的单位工作人员现场指挥。评价权，乡镇对部门报到工作进行评价考核，由乡镇对部门派驻人员工作效果及时考核打分。否决权，乡镇对不合格的工作效果可以对部门行使否决权。乡镇拥有"四权"以后，部门办公去机关化，人员下沉一线，到基层和百姓身边去，了解困难和需求，着力解决实际问题。平谷区已初步建立起"街乡吹哨、部门报到"实体化与网格化、信息化融合的工作机制，"部门报到"不断走向标准化。一方面把需要解决的突出问题的"清单执法机制"落实到"街乡吹哨"系统当中，另一方面将综合执法转向服务群众和服务发展。

六、七下夯实基础

一是坚持"重心下移"。平谷区发挥党建在引领基层治理中的核心作用，整合基层政务办公、养老服务、文化教育等各方面职能，推进村级综合服务中心建设。坚持"职能整合、全面服务；提升为主、新建为辅；分类施策、分步实施"的原则，完善基层治理体系，把村务中心作为乡村综合性为民服务平台，改进工作方式，下移乡村治理工作重心，提高为民办事效率。

二是强化"资源下沉"。在资金方面，平谷区整合各类经费、项目等资源，统筹涉农资金，建立整合财政资金的长效机制。在人才方面，发挥绿色创新发展研究院的载体作用，分类分级打造一批乡村专业人才项目，服务人才创新创业。在医疗方面，积极探索"六种医养联动模式"，集成基层医疗、养老资源，全面调整优化医疗布局。

三是推动"政策下调"。平谷区加大对农业产业政策扶持力度，赋予村镇更多的权限。为提升"大棚房"专项清理整治后的农业设施水平，出台了种植业设施升级改造奖励政策，对标准操作间的最高奖励不超过 0.8 万元/个，对老旧设施根据改造内容按照结算价格的 60% 给予奖励，最高不超过6万元/亩，极大地调动了种植户改造设施的积极性和主动性。

四是实行"人员下行"。平谷区建立干部下基层定人、定岗、定责、定期长效机制，推动全区1 000多名干部常态化下沉参与乡村的相关工作。调配200多名干部深入基层开展各项攻坚行动，80个工作队共396名干部驻村联片包户服务，700余名驻镇、驻村、驻企专责干部及时上门为群众提供便捷服务，高效解决村民"跑腿多，成本高"等问题。

五是开展"权力下放"。平谷区依法梳理权责边界，编制村级"小微权力"清单，做到"清单之外无权力"。村委会负责清单中涉及村务等事项的落实，相关部门对村级"小微权力"运行给予指导，形成权责清晰、条块联动的管理机制，打通抓落实的"最后一公里"。

六是确保"监管下去"。平谷区为推动监督执纪延伸到农村基层，专门设立了村党风廉政建设监督员，将"支部吹哨、党员报到"情况作为日常督查和支部书记述职重点。规范村务监督委员会职责，保证监督权力依规依纪依法行使。利用农村管理信息化平台，打造线上线下"三公"和"三晒"等信息化、专业化、现代化监管模式，加强农村"三资"的信息化管理，让村级事务管理更加公开透明。

七是促进"法治下村"。为全面贯彻"健全党组织领导的自治、法治、德治相结合的乡村治理体系"战略部署，平谷区深化村级明权、明责、明法，规范农村基层行政执法程序，加快民主法治示范村建设。将诚信相关内容纳入村规民约中，发挥"诚信之星"的典型引领作用。丰富村民议事协商形式，升级打造说事评理议事普法中心，搭建矛盾纠纷解决平台。

七、做好说评议普

为全面贯彻党的十九大关于"健全党组织领导的自治、法治、德治相结合的乡村治理体系"战略部署，提升群众参与乡村事务的积极性，丰富村民议事协商形式，平谷区通过全方位整合，将"吹哨报到"机制落到村级，探索建立融自治、法治、德治为一体的乡村说事评理议事普法中心（以下简称"中心"），有效推动乡村治理试点工作，切实提升了基层治理水平。

升级中心平台，拓展服务功能。一是优化人员结构。"中心"鼓励多方成员参与，每个村民都可通过毛遂自荐、群众举荐、组织推荐等方式，将村内有一定声望、办事公平公正的老党员和老干部等推选为村内乡贤，在达到结构优化目标的同时，实现群策群力、集思广益。二是完善工作机制。中心日常工作采取"1＋4＋N"模式："1"为村党支部书记担任中心主任，"4"为村"两委"、区下沉干部、包村干部、村内辅助人员，"N"为接"哨"报到人员。三是建设配套基础设施。中心按照"八个一"标准完成配套建设：悬挂一块标识牌，明确一个普法固定场地，建立一套工作运转制度，设置一个工作台账，设立一个法治图书角，组成一个工作专班，向村民发放一张联系卡，建立一个村民议事诉求微信群。

拓宽沟通渠道，满足群众需求。一是安排接待活动，解决群众难题。"中心"实行日常接待和固定时间接待两种服务模式：日常接待为工作日安排村"两委"成员在中心随时接待来访群众，固定时间接待为村"两委"成员和政府部门专业工作人员共同组织每月至少一次的"说事评理议事普法日"活动。二是组织走访调查，倾听群众诉求。村"两委"成员进行全区全员大走访，由"中心"主任统一安排，调度村"两委"成员、区直部门下沉干部等入户走访，努力做到用脚步丈量民生民情，用心感知群众需求，倾听群众呼声。三是协调工作内容，回应群众诉求。将"中心"和12345"接诉即办"平台、信访办等部门进行结合，双向沟通信息。"中心"收集的群众诉求会直接录入全区网格平台进行备案。某些诉求如果不属于12345"接诉即办"平台，乡镇（街道）信访办等部门，则会转入"中心"，纳入"说事"范畴，进入"评理"流程，由"中心"第一时间组织开展自评自判，回应诉求，做到与群众当面沟通，及时为群众解答疑惑。

分类处理问题，达成工作"闭环"。一是简单事情直接评。对群众日常涉及较多的矛盾纠纷、信访等事项，"中心"组织党员、村民代表、12345"接诉即办"专员等立即了解情况，并与当事人见面，第一时间开展说事评理工作，力求快速解决问题。二是复杂矛盾联合评。针对部分不能直接调解处理的问题，"中心"运用"吹哨"制度，联系政府相关部门等专业力量共同开展联合评判。三是法治事件剖析评。采用"劝诫处置"、人民调解、行政调解、司法调解等方式，综合运用"讲法＋评理"模式，确保问题有效化解。对欠缺法律知识的群众先进行普法工作，借助法律规定开展深层次评理活动。针对不同难度的事项，设置总结归档、提级上报、移交处置三种处理方式。对"讲法＋评理"后依然无法解决的事项，明确村、镇、区三级提交流程，确保各类事项件件有结果、有记录、能查询、可追溯。

以"宅改"为契面推进乡村有效治理

江西省鹰潭市余江区（原余江县）下辖 1 个街道、11 个乡镇、7 个农场，总面积 932.8 平方公里，是一个传统农业区。近年来，余江区先后作为全国农村宅基地制度、全国农村集体产权制度、农村宅基地、集体经营性建设用地入市、土地征收制度改革试点县，以及土地承包经营权有偿退出试点、土地承包经营权抵押贷款试点县，开展了有效的探索，为全国推进相关改革提供了借鉴。余江区 1 040 个村民小组分别成立了村民事务理事会，充分激发了群众自我管理的内生动力，以宅基地制度改革为突破口，啃下了宅改"硬骨头"，探索出了以宅改为特色的乡村治理发展"余江之路"，为全面推进乡村振兴提供了"余江案例"。

一、推进宅改的背景

农村实行家庭联产承包责任制以后，激发了农民作为主体的活力，农业生产的潜力得以展现出来，农村的经济社会环境发生了翻天覆地的变化。与此同时，农村人口也出现了较大的分化，有的农民变成城里人了，甚至举家外迁了，有的农民娶了媳妇家里人口变多了，等等。由此导致农村出现了房屋大量闲置，也有大量新人没有宅基地的现象，一户多宅、超面积占用建设用地等乱象丛生。由于宅基地是农民最看重的"家当"，很多村庄没有完整的建设规划，对农民的建房审批不到位，缺乏有效的建房监督，一些农民乱占耕地违法建房，甚至私下买卖，由此引发的矛盾越来越突出，使得乡村治理的难度越来越大。可以说，农村宅基地管理的历史遗留问题已经到了非解决不可的地步了。

由于农村宅基地制度改革关系到农民福祉和利益的调整，事关农村改革的深化和乡村治理的探索。有数据显示，"宅改"前，余江有 9.24 万宗农村宅基地，其中，空心房 2.3 万栋，危旧房 0.83 万栋，违建房 0.32 万栋。宅改之初有很多不同意见，例如，不少农民认为拆了老房子、流转了宅基地就对不起自己的列祖列宗，还有一些农民希望以宅改的机会为后代多争取些宅基地，部分基层干部也存在畏难情绪。2015 年以来，余江结合其他地方农村宅基地改革的经验和做法，积极探索宅基地权益保障和取得方式，完善宅基地管理制度，建立宅基地有偿使用制度和自愿有偿退出机制，并被列为全国的改革试点县之一。针对村民是否愿意有偿退出宅基地、退出以后农户应该得到怎样的补偿、农村大量闲置宅基地和农房的使用权怎么流转起来等问题，余江区的宅改试点坚持公平、统筹、效能三个改革维度，坚持问题导向，做到善做善成，把一户一宅的政策真正落地了。

二、推进宅改的主要做法

余江坚持公平为先，统筹为要，效能为重，其推进农村宅改的主要做法是：

（一）听取群众意见

倾听群众呼声，把群众发动起来，让群众共同参与解决问题。只有把广大农民的积极性充分调动起来，才能有效推进改革。余江区的基层党组织、党员干部以及村民事务理事会在听取群众意见中发挥了重要的作用。余江区在1 040个自然村推选产生了村民事务理事会，成员由党员干部、乡贤能人、村民代表组成，理事会既是村民沟通交流宅基地改革政策的重要平台，也是在外打拼、心系家乡的人士支持家乡发展的重要载体。理事会是以村小组为单元的乡村治理主体，拥有12项权力和15项职责，采取共商、共识、共建、共担、共享"五共"工作法，充分开展自治管理，让农民讲话有人听、农村建设有人理、农民事务有人管。在这个群众自治组织不辞辛劳、不畏冷眼的工作下，农民群众对宅改的态度从"要我改"逐步转变成"我要改"。

（二）开展顶层设计

2015年，余江区根据《农村宅基地制度改革试点实施方案》，明确了五大任务，即夯实农村宅基地管理基础、完善农村宅基地权益保障和取得方式、探索宅基地有偿使用制度、建立宅基地自愿有偿退出机制、完善宅基地管理制度。其中还详细拟定了推进改革试点的阶段和步骤，力求使各项改革得以稳步推进，为有效管理农村宅基地蹚出一条新路子。余江区专门制订了推进宅改的步骤，分5批有条不紊地推进，即第一批选择41个群众基础较好、基层组织较为健全的自然村先行先试。在此基础上开展第二批172个、第三批425个、第四批270个、第五批41个自然村，并逐渐扩大到行政村的层面，在县域范围内全面推开。为了更好落实《农村宅基地制度改革试点实施方案》，2016年余江区发布了《关于全面深入推进农村宅基地制度改革试点工作实施细则》，进一步具化相关工作。2017年1月6日，余江区发布了《关于统筹协调推进农村宅基地、集体经营性建设用地入市、土地征收制度改革试点工作的实施方案》，将农村宅改与集体经营性建设用地入市、土地征收两项改革结合起来，形成了一套"可复制、利修法、易推广"的体制机制。

（三）公平推进改革

公平是推进宅改的基础，一把尺子量宅改，一户一宅。根据政策规定，宅基地资格权有多种取得途径，例如因集体经济组织初设、因出生、因婚姻或收养关系迁入、因集体经济组织协商途径等来取得。宅基地资格权的确认需要由全体村民会议或村民代表大会通过，必须是村民才享有宅基地资格权，具备资格来建房。对"一户一宅"超面积的部分、一户多宅、非集体经济组织成员在农村占用或使用宅基地的行为采取有偿的办法，对一些闲置废弃的厕所、畜禽舍和倒塌的住房实行无偿退出。即使符合建房条件的村民也必须以择位竞价方式取得宅基地。为了让宅改工作得以有效推进，余江区首先鼓励村干部和党员带头拆除自己家超出面积部分的房子，退出超面积部分。由于有党员干部的示范，村民们很快响应。在较短时间里，马荃镇岩前村便拆除房屋 250 宗，收回宅基地 3 万平方米，经过打造，目前已经成为远近闻名的旅游村。为了让农村土地流转起来，夯实农村集体土地权能，探索农村集体经营性建设用地入市新模式，2020 年 8 月 3 日，余江区印发了《建立农村集体经营性建设用地入市制度工作实施方案》，逐步建立起城乡统一的建设用地市场。

（四）留住乡愁记忆

在大范围的宅基地制度改革中，为了避免具有历史文化价值和乡愁记忆的老房子彻底消失，余江区绝不仅仅是简单粗暴地拆房子，而是将"拆"和"保"相结合，以传承文化的责任心、使命感，保住一些历史文化记忆。在拆的过程中渗透进保护理念，对于老建筑、老房子，对于乡愁记忆，采取一定范围内的集中保护，对有使用价值或文物价值的老房，村集体有偿收回，用做村史馆、村民活动中心等村公益用房。把拆下的旧青砖、旧瓦片等"边角料"完美地融入乡村建设当中。这不仅为村民留下乡愁记忆，也为村庄发展休闲旅游提供文化资源和载体，例如锦江镇的历史文化名镇旅游，马荃镇、杨溪乡的古村落旅游，画桥镇的红色旅游产业，都正蓬勃开展。

三、宅改带动乡村治理的效果

余江区的宅改给农业农村发展带来了巨大活力，成为乡村振兴的重要推动力，有效促进了农村新业态的发展，带动了农村一二三产业融合发展，农民就业创业成为新潮流，农民实际收入不断增长。2019 年 6 月，余江"抓'宅改'促治理"被农业农村部列为首批推介的 20 个中国乡村治理典型案例之一。2020 年 9 月，余江区又被列为全国第二轮农村宅基地制度改革试点县。把乡村治理与宅改相结合，以宅改促治理，以治理带宅改，释放改革的综合效应。农村宅改主要有以下几方面的效果：

（一）增加了农民收入

余江区以"宅改"为抓手，通过有偿使用、有偿退出、流转、出租、增减挂钩、农房抵押贷款等方式，盘活利用宅基地资产，激活乡村沉睡资产。例如，平定乡洪桥村吴家村小组首宗 20 亩土地以 82 万元成功出让，"沉睡"的"死资产"变成"活资产"，农民共享土地改革红利变成了现实。村民利用闲置农房和宅基地改造成民宿，不少人都吃上了旅游饭。2019 年，余江区利用"宅改"形成的资产，改造眼镜、雕刻、精密元件等传统优势产业，建成"产业下沉"车间 36 家，带动 1 412 人就业，带动 26 个村的集体经济收入大大增加，实现了群众增收、集体增益、企业增效、产业增强的"四增效应"。

（二）改善了村庄面貌

各个试点村利用宅改的契机，大力开展"六化"建设，即通过宅基地制度改革，促进农业发展现代化、基础设施标准化、公共服务均等化、村庄面貌靓丽化、转移人口市民化、农村治理规范化。在村庄面貌改善方面尤其明显。拆除危房，大力实施美化、绿化、亮化工程，新修村内道路 526 公里，沟渠 539公里，清运建筑垃圾 108.9 万吨，绿化村内面积 946 亩，687 个试点村绿化率达到 20％以上，村庄人居环境、卫生环境明显改善。锦江镇范家村成立了一支有由 58 名队员组成的女子志愿服务队，每周一自发为村里打扫卫生。"清洁之家""干净村庄"行动起来了，"物业进乡村"村庄环境长效管护模式建立起来了，脏乱差不见了，村庄道路宽了，农民群众的获得感和幸福感更多了。

（三）推动了有效治理

由于推进宅改需要议事，村民们就利用腾出的空地翻修扩建了议事堂、和事堂、矛盾调解工作室等，使村民有了谈事说事的地方，有法律咨询、矛盾调解的地方，这也成了村民共同的活动场所。还有的村利用退出的闲置宅基地来解决五保户、特困户等群体住房问题。在推进宅改进程中，各个村都建立了乡贤信息库，利用春节、清明节等节日举办乡贤恳谈会，吸引乡贤回乡做贡献。先后有 50 多位乡贤返乡投身"宅改"工作，他们还主动捐资 5 500 多万元支援家乡建设，这些乡贤已经成为余江区推动宅改的重要力量。由于宅改带动了集体经济的发展，各类社会组织也参与到乡村环境保护、养老、托幼、调解、婚丧嫁娶等乡村事务中去。潢溪镇渡口村成立了韬奋文化宣讲队等 5 支群众组织，为农民群众提供各种服务。

乡村治理的智治模式的探索

为了有效推进乡村治理，江西省鹰潭市余江区从 2020 年起，搭建信息化平台，引入成长值理念，在乡村逐步推广"乡村治理信息化管理——成长树"。乡镇党委政府通过这个平台，在线上传达各项工作，将各项任务可视化、可量化、时间节点明晰化，并及时跟踪问效，探索了乡村"智治"的有效实现路径。

一、明确信息平台重点任务

为了用数字化更好地引领和驱动农业农村现代化，余江区探索构建了乡村数字治理体系，"让信息多跑路，让群众少跑腿"。这个乡村数字治理体系"乡村治理信息化管理——成长树"平台，包含任务发布系统、智慧考评决策、基层组织建设、"五治"融合、村庄长效管护、小微权力、人大代表联络站、系统参数设置等 12 个模块。平台可以实现八大功能，即政策的咨询公示、干群的互动交流、工作的上传下达、任务的跟踪问效、工作的情况查询、组织和个人的成长值积累、数据的分析指导、成长值的激励和运用。平台的投入使用让乡镇信息传达更精准、组织管理更科学、数据展示更直观、政务服务更透明、乡村治理更高效；让百姓诉求更畅通、惠农服务更周到、邻里互助更温暖、供销服务更丰富、劳务用工更快捷。其最终的目的就是通过"智治"，有效激发起乡村干部和党员群众积极参与乡村振兴的内生动力。

二、加强信息平台科学管理

"乡村治理信息化管理——成长树"平台以乡镇为单位，搭建起"1＋1＋X＋N"智治管理体系，即"1 个指挥中心＋1 个信息化平台＋X 个信息化模块＋N 项业务"为一体的乡村智治系统。乡镇建有现代化调度指挥中心，该中心运用调度系统运行，线上平台与线下人员实时联动，实时掌控工作进度，做到一屏观全域。乡镇指挥中心在各个村都设置了大屏信息管理系统，全方位采集村民信息，为每户村民都赋予一码，村民扫码以后即可与乡村两级实现信息交换。运用信息化管理平台对乡镇范围内所有组织和个人参与的工作实现全流程记录、积分制管理，并将积分与干部的收入分配、网上兑换物品、各领域评选评优等挂钩。在信息化平台上设置了基层党建、综治维稳、宅改融合、小微权力等业务模块，并根据实际情况不断完善，创新"随手拍、立即传、马上办"管理模式，真正运用信息化手段激活乡村治理。"乡村治理信息化管理——成长树"平台建立并实施以后，乡村干部的工作效率比以前高得多，他们每天都需要及时关注平台的任务系统里的工作安排和进展；党员、群众通过环境问题"随手拍"，变身为治理问题"监督员"，各项任务的传递办复时间大大缩短，大大激发起了党员、干部、群众共管共治的热情。

三、利用信息平台考核管理

"乡村治理信息化管理——成长树"平台既是一个工作平台，也是一个考核载体。该平台将组织和个人的成长值情况、工作数量、工作完成效率等都详细记录下来，为绩效考核提供了重要参考依据。将考核结果与评先评优、项目倾斜进行挂钩，与收入分配、职务晋升等紧密相关，有效激励了基层干部群众参与乡村治理的积极性。通过这个信息化平台对乡村干部实行积分制管理，使干部考核有具体的量化指标，变"年终期末考试"为"实时积分制考核"。由于有信息化平台的记录，各项考核有据可依、有迹可查、一碗水端平，干部工作好坏都一目了然，带动乡村干部由"要我干"向"我要干"转变，增强了村级组织在群众中的号召力、凝聚力。在信息化平台上，群众参与治理的热情不断高涨，他们主动反映乡村发展中碰到的突出问题，及时反映身边发生的突发事件，大大提高了群众自我管理的能力，为全面实现乡村振兴打下了稳固的群众基础。

四、建立信息平台配套组织

为了有效推进信息平台建设，余江区建立了"4＋N"基层自治共治组织，即在党员先锋队、村（居）民事务理事会、矛盾纠纷调处委员会、平安志愿者协会4个基层自治共治组织的基础上，发展壮大巾帼志愿服务队、红白理事会、乡贤理事会、老年协会、业主委员会等N个群众自治共治组织，发挥其组织群众、宣传群众、凝聚群众、服务群众的重要功能。这些基层自治共治组织作为基层信息化治理的延伸，将乡村治理重心下移到基层，延伸到自然村、家庭，触及民生政策的"毛细血管"和感知民生问题的"末梢神经"。例如，余江区潢溪镇渡口村成立了物业服务中心，将40项民事村办服务事项（其中公益类27项、收益类13项）委托给物业服务中心办理。物业服务中心根据收到的信息服务平台要求，及时提供各种服务，不单纯是到村头、田头提供服务，还服务到了人头，真正做到服务对象全覆盖、服务内容全方位。有些服务需要支付报酬，如家庭装修；有些服务不需要支付报酬，如河道疏浚等。村民还可以通过提供志愿服务、邻里互助、捐赠物品等获得治理积分，抵扣现金。

这些有效激励了村民主动参与公益事业的积极性，营造了人人有责、人人奉献的良好氛围。

数字化平台为余江区的乡村治理注入了"智慧基因"，面向乡村干部与农户，利用信息化手段推进乡村信息化建设，整合了大量信息资源，解决了乡村干部与广大农户之间信息不对称、沟通不通畅等问题，乡村治理智能化、精细化、专业化水平在数字化平台的支持下正不断迈向新高度。

"枫桥经验"对乡村治理的借鉴作用

随着改革开放的推进，我国进入了社会转型的关键时期，由于贫富差距拉大、法制尚不健全等原因，社会矛盾众多，利益纠纷频发，治安维稳压力加大。原有的基层社会管理模式已经无法适应形势发展的需要，探索新的治理方法迫在眉睫。近年来，党中央、国务院高度重视国家治理能力建设，提出了推进国家治理体系和治理能力现代化的总目标，各地也积极推动基层社会治理方式的创新。"枫桥经验"曾经作为我国基层管理的优秀典型、全国政法战线的一面旗帜，伴随着我国社会主义建设和改革开放的进程，伴随着建设中国特色社会主义的伟大实践，坚持与时俱进、不断探索创新，被赋予了丰富深刻的时代内涵。"枫桥经验"在当下创新国家治理体系、推进治理能力现代化的实践中焕发出了新的活力，其以人为本、实事求是的精神实质给予了创新基层社会治理手段许多有益的启示，受到了社会各界的广泛关注。

一、"枫桥经验"的早期发展

"枫桥经验"是 20 世纪 60 年代初"四清运动"的产物。在激进的政治运动中，一些地方对"四类分子"的改造有失控的举动，斗打、乱捕、乱杀等过激行为比较普遍，甚至发展到斗打"四类分子"家属的地步。许多"四类分子"被活活打死，社会出现了混乱动荡的局面。1963 年，毛泽东通过时任公安部领导谢富治了解到浙江诸暨枫桥"一个不杀，大部不捕""文斗摆事实、讲道理，以理服人"的做法。他表现出极大兴趣，当即表态，这就叫矛盾不上交，就地解决。他要求公安部上报材料，总结其中的做法，注意回答两个问题：一是群众是怎样懂得这样做的，二是依靠群众办事是个好办法。1963 年11 月，公安部和浙江省公安厅在蹲点调查的基础上，总结形成了以中共浙江省委工作队和诸暨县委署名的《诸暨县枫桥区社会主义教育运动中开展对敌斗争经验》一文。1964 年初，中共中央发布《关于依靠群众力量，加强人民民主专政，把绝大多数四类分子改造成为新人的指示》，对"枫桥经验"作了转批。1964 年 2 月，在公安部召开的第十三次全国公安会议上研究了农村社教运动中对敌斗争政策问题，就全面推广"枫桥经验"作了部署。"枫桥经验"之所以受到重视，就是因为它在斗争内容上，不以出身和历史作为评价人的标准，而是依靠群众对"四类分子"调查排队，以表现好坏和是否守法为标准来进行对敌斗争。根据这一原则，浙江省委派出的枫桥工作队得出了"四类分子"大多数还是守法或基本守法的结论。在斗争方法上，工作队坚持摆事实、讲道理，反对用违法手段搞武斗。在"四类分子"接受思想改造后还落实相关政策，解决了实际利益的问题，受到了群众的认可和欢迎。

"枫桥经验"实事求是地分析和处置"四类分子"，摆脱了"以阶级斗争为纲"的思维模式，开辟了朴素的依法治理新道路。"枫桥经验"坚持了党的群众路线，较好地解决了"社教"运动中暴力过多、社会紊乱的实际问题。1964年是中华人民共和国成立以来捕人、杀人最少的一年，但治安情况比往年都好。可惜仅仅两年后，更加激进的"文化大革命"开始了，"枫桥经验"被诬蔑为"修正主义的黑样板""资产阶级人性论"和"和平改造"的典型，受到了一定的冲击。1977年10月，公安部又到诸暨枫桥对试点"四类分子"摘帽工作进行调研，经过调查研究，为3 279名"四类分子"摘除了帽子。之后的全国治安工作会议高度评价了枫桥摘帽试点的工作。《人民日报》还专门发表了题为《摘掉一顶帽调动几代人——记诸暨县枫桥区落实党对"四类分子"的政策》的文章，鼓励各地学习借鉴"枫桥经验"。在20世纪80年代末90年代初，"枫桥经验"再次走在时代前列，创造完善了融"打、防、教、管"为一体的社会治安综合网络，得到中央、浙江省的高度肯定，成为20世纪90年代社会综合治理的典范。

二、"枫桥经验"的精神实质

"枫桥经验"能够取得如此显著的成绩，成为中国特色基层治理的经典样板，与其优秀品质是分不开的。数十年间，"枫桥经验"虽然不断探索实践、创新发展，主动适应新的时代需求，但从未改变过其以人为本、实事求是的精神实质。这是"枫桥经验"一直保持旺盛生命力的根本原因。

（一）"枫桥经验"强调以人为本

"枫桥经验"是以人为本的经验。人本思想的本质是把人当做人，尊重人、理解人、关爱人，关心人的价值和尊严，维护和实现人的基本权利和利益，促进人的全面发展。以人为本始终是贯穿"枫桥经验"社会治理实践的一条主线，是"枫桥经验"的精神实质。教育人、转化人、提高人，尊重人民群众的首创精神，一切为了人民群众，一切依靠人民群众，正是"枫桥经验"的出发点和落脚点。在"以阶级斗争为纲"的年代，枫桥镇干部群众敢于冲破"左"的思想束缚，把"四类分子"当人看，尊重"四类分子"及其子女的人格尊严和基本权利，依靠群众对其进行合理"文斗"，并落实改造政策、保障"四类分子"的现实利益，是"枫桥经验"以人为本思想内核的最集中体现。

（二）"枫桥经验"突出实事求是

"枫桥经验"是实事求是思想路线的产物。实事求是的思想方法要求人们从实际对象出发，按照实际情况办事，切实解决实际存在的问题。在"四清运动"时期，"枫桥经验"坚持实事求是的正确思想路线，把对敌斗争目标确定为"巩固集体经济、发展生产"，对于"四类分子"则提出要改造为新人，不无端斗打、乱扣帽子，而是"对症下药、因人施教"，"注重教育、经常考核""政策兑现、给予出路"，用和平理性的方式解决问题。枫桥镇（即原"枫桥区"）还注意团结守法的"四类分子"，保障他们的现实利益，而非单纯将其边缘化。在斗争目的上，枫桥镇也不像其他地方那样，单纯为了响应上级号召，通过"扩大化"绷紧"阶级斗争"这根弦，千方百计挑毛病、抓坏人，刻意制造紧张气氛和对立情绪来完成政治任务。枫桥镇更关心化解实际矛盾、解决实际问题，以调动各方积极性，为社会主义建设保驾护航。"枫桥经验"的提出、宣传和推广，体现了"大跃进"后基层群众要求纠正"左"的错误、平稳发展经济的真切愿望，弘扬了三年调整时期实事求是的思想主旋律，具有重要的历史意义。

三、"枫桥经验"的与时俱进

进入 21 世纪，浙江部分地区在乡村治理过程中遇到了一些新问题，迫切要求创新乡村治理手段，创造稳定和谐的生产生活环境，保障经济社会的健康持续发展。2010 年后，"枫桥经验"开始加快创新社会治理手段，积极推进"网格化管理，组团式服务"，依靠群众建立"大调解"机制，建立新型基层综治信息平台，培育"群防群治"的公共治安氛围，取得了显著成效。

（一）实行社会管理综合治理模式

实行社会管理综合治理，推行"网格化管理、组团式服务"，建立纵向到底、横向到边的社会管理网络，是创新发展"枫桥经验"的重要内容。枫桥镇积极加强综治、司法、信访、调解、警务、流动人口、安全管理、应急管理、土地管理、劳动管理、社区矫正、反邪教"十二位一体"的乡镇综治工作中心建设，完善、规范全镇各行政村和社区综治工作站建设，强化"网格化管理、组团式服务"的工作机制。2012 年又将乡镇综治工作中心更名为社会服务管理中心，实行"一条龙"受理、"一站式"服务，有效弥补了基层治理主体缺位、公共服务贫乏的不足。各村、企业还设立流动人口服务站，专门针对流动人口提供综合服务。枫桥镇还引导警务进村、进企、进校，构建基层社区警务网，进一步做好社会治安、矛盾化解工作。除此之外，枫桥镇不忘贯彻群众路线，大力培养"群防群治"的公众参与氛围，发动群众组建护村队、护厂队、巡防中队、消防队等社会治安力量，构筑起多元联动的治安网络。枫桥镇社会管理综合治理模式跳出了自上而下治安维稳、事后处理矛盾纠纷的单一思路，转而通过综合发展各项事业、提供各类公共服务、提高基层治理水平，通过调动群众构建覆盖全面的基层自治社会管理网络，从根本上预防违法犯罪及矛盾纠纷现象的产生。这是新时期"枫桥经验"的重大创新。

（二）依靠群众构建"大调解"机制

依靠群众通过"摆事实、讲道理"的方法"就地化解矛盾"是"枫桥经验"的重要内涵之一。新时期枫桥镇积极探索"立足于早、立足于小、立足于激化前"的矛盾解决模式，推动建立多方参与、多面分布的"大调解"格局。首先，枫桥镇建立综合性一体化调解中心，集公安、司法、法庭、检察、工商、医疗、产业调解室等政府和社会力量于一体，并聘请部分人大代表、司法专业人员、律师为兼职顾问，配套落实"诉调对接""检调对接""公调对接"等工作机制，形成了人民调解、行政调解、司法调解、仲裁调解相结合的"大调解"体系，在化解复杂社会矛盾中起到了十分重要的作用。对于一般社会矛盾，枫桥镇则通过加强村级调解、企业调解来就地化解。枫桥镇不仅扩大村调委的成员构成，将村两委成员、村民代表等纳入其中，还邀请威信较高、道德品质良好的老党员、老干部等参与调解，取得了良好的效果。枫桥镇还提倡在企业设立调解室，建立群众基础广泛的调解小组，就地化解企业内部矛盾纠纷。除此之外，考虑到枫桥镇民营经济发达、行业竞争激烈的现实，还鼓励设立产业调解组织，就地化解相关企业之间矛盾，实现产业良性发展。新型"大调解"系统整合了各方面的调解资源，拓宽了解决纠纷的路子，有利于"一揽子"解决矛盾纠纷。遍布村、企的各级调解组织也确保了各类纠纷的早发现、早解决，最大化地避免了矛盾的激化升级。

（三）引入现代化基层管理信息系统

在信息化的新时代，"枫桥经验"保持与时俱进的优良品质，积极引入、建立了和基层治理有关的信息系统。枫桥镇通过搜集整理人员活动、场所分布、治安状况等基本信息，通过整合视频监控系统、集中管理视频资源，逐步建立起现代化基层综治信息平台。在此基础上，枫桥镇大力推进集综治、公安、司法、检察、计生、城建、土管、调解等为一体的综治办公系统建设。借助信息管理系统拥有的工作记录、数据分析、资料检索、信息传递等功能，综合办公系统内各部门共享资源、及时沟通，增强了工作的协同性，避免了"政出多门"带来的弊端。另外，通过对大数据的实时更新、分析处理，信息系统能够提高政府部门的洞察能力和决策水平，帮助政府部门及时修正决策错误、快速应对突发情况，增强了基层社会治理的系统性、导向性、科学性和时效性。枫桥镇还采取多种信息化手段简化民众办事程序、提高公共服务质量，如设立为民服务中心、开通民生热线平台、建立网上"一站式"办事平台等，拓宽民生诉求渠道，帮助民众排忧解难。引入基层管理信息系统不仅极大地提高了基层治理的现代化水平，还实现了公共服务的精准化、个性化，有利于解决老百姓的实际困难，把社会矛盾扼杀在萌芽中，有效维持了社会稳定和谐。

（四）重视人的教育和公共文化建设

以人为本是"枫桥经验"的精神实质。"枫桥经验"始终把教育人、改造人、培养高素质公民视为维持社会和谐的重要手段。在新时期"枫桥经验"不仅重视矫正人员帮教工作，制定更人性化、科学化的矫正方案，还积极帮扶教育闲散青年、吸毒人员等社会边缘人群，尽最大努力消除社会不稳定因素。针对各类闲散青年，如失学、无业、流浪乞讨、服刑在教和留守的青少年，枫桥镇每年两次开展调查摸底登记，建立健全电子档案，实现宏观监控；同时还积极引导学校、家庭对有不良记录的问题青年进行心理疏导，对服刑人员子女、留守儿童建立帮教结对制度，使他们感受到社会的关心和照顾，以预防和控制青少年违法犯罪。对于吸毒人员、精神病患者等危险人群也建立信息库归档，实行科学合理的监管、看护、帮扶工作。这些措施填补了维稳治安工作的空白，消除了不稳定因素，使乡镇的精神面貌有了很大的改善。除此之外，枫桥镇还十分重视建设公共文化设施，营造良好的文化氛围。镇提出"多一个球场，少一个赌场"的口号，在各村投资建设阅览室、活动室、运动场等设施。各村、企时常组织村民开展各类文体活动，丰富村民的闲暇生活。各类社会组织如工青妇、敬老协会、禁赌协会、计生协会等也经常组织群众活动，带动了社会风气好转，促进了群众身心健康。

四、"枫桥经验"的现实启示

"枫桥经验"虽然历经中国社会沧桑变化，却始终坚持以人为本、实事求是的精神实质，坚持与时俱进、发展创新的理论品质，具有越来越丰富的时代特征和实践形式，实现了"矛盾少、治安好、发展快、社会文明进步"的良好局面，走出了一条经济发展、社会进步、治安稳定、人民安居乐业的新路子。"枫桥经验"的成功给予了创新基层社会治理手段一些现实启示。

（一）树立综合治理理念、发展各项社会事业

在改革开放新时期，"枫桥经验"良好地处理了改革、发展和稳定的关系，积极实施"网格化管理、组团式服务"，建立乡镇综治工作中心，建构起一套预防违法犯罪、遏制矛盾激化的社会治理新体系。枫桥镇的成功经验表明，要避免打击犯罪、化解纠纷工作"治标不治本"，必须运用政治、法律、文化、教育等多种手段，配合打击、防范、教育、管理、预防多方面工作建立新的基层治理秩序。然而，这仅仅只是综合治理的狭义层面。2004年，浙江省委部署建设"平安浙江"，将社会治理的视野从"治安好、犯罪少"拓宽到建设社

会"大平安"的新境界，"枫桥经验"被赋予新的时代内涵。更广泛的综合治理涉及政治民主、经济发展、民生改善、生态保护各方面。要从根本上维护社会和谐稳定，必须跳出事后惩治犯罪、化解矛盾的传统治安维稳思路，树立全新的综合治理理念，全方位发展各项社会事业，提供更优质的公共服务，有效满足人民群众各方面的需要。这样不仅能够化被动为主动、从源头上消灭不和谐因素，还能团结更多群众参与治安维稳，提高社会治理效率，降低政府管理成本，真正实现国家的长治久安。

（二）调动群众自治力量，尊重乡土社会规则

"枫桥经验"是坚持、贯彻党的群众路线的思想结晶和实践成果。数十年间"枫桥经验"的发展创新，离不开人民群众的参与。"枫桥经验"强调在社会治理中调动群众自身的力量，尊重传统乡土社会的游戏规则，积极培育、发展民间调解力量，实现了"就地化解矛盾"的目标。首先，应该效仿枫桥镇的做法，发动村干部、农村党员、村民代表或普通群众等参与基层群防群治队伍，建立自我管理的群众治安组织，如护村队、护厂队等，鼓励他们通过多条渠道为治安维稳事业做出贡献。其次，还应培育各类社会组织，建立政府职能转移制度，采取购买服务的方式，扩大基层治理的社会参与度。再次，还应该建立包罗各方、层次鲜明的调解体系。民间调解是化解矛盾纠纷的最有效方式之一。在调解纠纷的过程中，重视运用传统农村的协调方法，遵循"熟人社会"的游戏规则，在纠纷双方之间"摆事实、讲道理"，尽最大可能达成共识，低成本、高效率地化解矛盾。在村庄、企业里普遍地建立正式调解组织，吸纳代表性广泛的专业调解人员加入，充分发挥他们熟识冲突双方、知晓矛盾缘由的亲缘、地缘优势，增强调解方案的合理性和权威性，使纠纷双方都能满意。如此一来，矛盾纠纷将会大大减少，即使出现也能及时被发现、化解。这实质上激活了群众自治力量，在减轻政府部门、司法机构工作压力的同时，实现社会的有效治理。

（三）重视提高公民素质，营造良好文化氛围

"枫桥经验"是以人为本的经验，枫桥镇干部群众一直以来都十分重视改造人的思想，提高人的素质，将其视为实现社会和谐的最重要手段之一。进入新时期，枫桥镇牢固树立人的因素第一、人的才能第一、人的关系和谐第一的理念，提出"既出好产品，又出好人品""酒乡、衣乡、更要书香"等口号，大力投资建设公共文化设施，引导村、企组织各类文化活动，提高民众的科学文化、思想道德素质，带动乡风民风的好转。社会治理中必须首先尊重人的主体地位，重视人的价值、发挥人的作用。"枫桥经验"启示我们在社会治理中应该重视提高公民素质，积极兴办公共文化事业，以丰富他们的精神文化世界，引导他们养成积极健康的生活习惯，努力把更多群众争取到促进社会和

谐、维护社会稳定中来。激发群众的文化创造活力，树立良好的乡风民风，建立和睦友好的邻里关系，营造人本亲善的治理氛围，铲除违法犯罪、矛盾纠纷滋生的温床。在社会治理中坚持"惩前毖后、治病救人"的思路，注意保护儿童、青少年，关爱他们的学习和生活，使他们远离违法犯罪和吸毒、赌博等恶习。积极帮教吸毒人员、矫正人员等，教会他们谋生技术，给予他们物质保障，引导他们重返正途、重新生活。

乡村治理中农村集体产权制度改革的探索

　　随着城镇化进程的加速推进以及农村改革的不断深化，农村集体资产管理、集体产权改革关系到农村经济发展和社会稳定，也是乡村治理的重要内容。浙江省一直高度重视农村集体产权制度改革，开展了一系列改革探索。凤凰村是浙江省的一个普通农村，位于乐清市白石街道西南隅，全村常住人口2 670人（600户），外来人口3 000人左右。该村在推进乡村治理中重视集体产权制度的改革，为乡村和谐稳定打下了坚实的基础。

一、凤凰村集体产权制度改革的主要做法

　　1999年，为减少环境污染，有效增加村集体收入，凤凰村将村南山脚下60多亩荒地开发成工业园区，现在工业园区内的规模企业达50多家，年产值2亿多元，村集体每年可获得土地租金30～40万元。2005年，村里119亩土地被征用建设甬台温铁路，每亩土地按4万元进行补偿，村集体共获得土地补偿款476万元，土地补偿款用于建设"凤凰花园住宅小区"（安置拆迁地的村民）之后还有部分剩余。此外，隶属温州市雁荡山风景旅游管理委员会管理的凤凰山景区及其山脚下的140亩山园地也属于村集体资产。为此，凤凰村成立了凤凰村股份经济合作社，开展了以村经济合作社股份合作制改革为主要内容的农村集体产权改革。主要做法有：

（一）充分宣传发动，争取村民支持

　　一是根据乐清市白石街道股改领导小组专题会议精神，提出凤凰村的股改思路、打算。二是召开村民代表会议，形成股改决议，建立凤凰村农村集体资产产权制度改制工作小组，下设政策宣传组、起草组、调查摸底组、清产核资组。三是草拟方案，上报启动股改请示，白石街道核准批复，张贴股改公告并发放公开信。四是召开动员会议，村里的党员、干部、村民代表参加，统一思想，明确工作任务。

（二）清产核资，合理确定股权

　　组建股份经济合作社的具体操作主要包括人口清查、清产核资、股权确定、人员界定等方面。

　　第一，人口清查。以户为单位编制人口调查登记表，核对无误后由户主签字确认，并将人口调查表公示。

第二，清产核资。成立清产核资小组，对村集体各类资产进行全面清理核实，摸清了村集体资产家底，并将清产核资结果进行公示。根据账面记录和实地清查确定，凤凰村共有集体资金 80 万元（征地款），集体土地 200 亩（工业园区 60 亩、山园地 140 亩）以及办公楼、幼儿园等固定资产。由于村里集体经济较为薄弱，因此只进行清产核资，并没有量化价值。

第三，制订方案。首先，在人口清查、清产核资的基础上，按照"资产量化、股权固化、分配细化、操作易化"的原则，草拟集体资产产权改革框架性实施方案，并张榜公布实施方案（草案）。然后，下发《意见反馈表》，经多次修改完善后形成较为可行的实施方案（草案）。最后，召开村民代表大会，通报人口清查、清产核资情况，提交《村集体产权制度改革实施方案（草案）》，经村民代表大会决议通过。

第四，设置股权。只设个人股，不设置集体股。个人股一般是以人口股方式进行分配，人口股主要指户籍在村的 18 周岁（以 2012 年基准）以上人员，每人得 1 股。全额享受人口股的对象主要包括以下几类：①户籍在本村、开始实行农村双层经营体制时原生产大队成员的农村居民（农业户口、下同）；②户籍在本村、父母双方或者一方为本村经济合作社社员的农村居民；③与本社社员有合法婚姻关系落户本村的农村居民；④因社员依法收养落户本村的农村居民；⑤政策性移民落户本村的农村居民；⑥户籍迁出本村的解放军、武警部队的现役义务兵和符合国家有关规定的初级士官；⑦户籍迁出本村的全日制大、中专学校在校学生；⑧户籍迁出本村或注销的被判处徒刑的服刑人员；⑨符合法律、法规、规章、章程和国家、省有关规定的其他人员，以及经社员大会或社员代表大会按程序表决通过、同意给予人口福利股的人员。

第四，明确不应享受人口股的对象。①经人事劳动部门办理正式录用手续的行政事业单位工作的现职和退休人员、在部队已提干人员以及其他国家财政供养人员等；②已在其他村经济合作社享有股权的人员；③未入社的外来挂靠人员；④其他按照法律、法规和政策不应当享有人口福利股股权的人员。

第五，加强股权管理。在股权管理方面，实行"静态管理"，即"生不增、死不减、长不加、走不收、可继承"。除应全额享受人口股和不应享受人口股之外的对象，经村民代表大会讨论决定，可酌情享受人口福利股。

（三）成立机构组织，合理分配股份

经白石街道党委批准，凤凰村成立了股份经济合作社，同时建立股东代表大会制度，召开了股东代表大会，选举成立了董事会、监事会，其中，董事长 1 名，为便于管理由村长兼任，并向社员发放《股权证书》，作为分红的依据。此外，根据相关制度规定，今后凤凰村股份经济合作社的重大投资决策、经营方针、年度计划等，须经股东大会讨论决定。

二、凤凰村集体产权改革对乡村治理的启示

（一）促进集体资产保值增值，增加社员收入

乡村可以通过以地生财、资产盘活、改造提升等多渠道多措施，促进村集体资产的保值增值，以增加社员收入。如：对本村拥有的桥、路、绿化、污水治理等公益设施对村内企业实行有偿使用，与租地企业协商提高土地租金，盘活村内闲置的存量土地资源；建立完善的法人治理结构，建章立制、明确职责，使农村集体资产的经营管理能够按照现代企业制度运作，有效地促进集体资产的保值增值。

（二）明晰集体资产产权，保障社员权益

在股权制度改革中，如以解决本村公共服务开支为由隐形存留集体股，容易出现集体股再分配、再确权，集体股收益使用不公开、不透明以及难以接受社员监督等问题，会产生新的矛盾。因此，在集体产权制度改革过程中，应明晰集体资产的产权归属，股权设置以个人股为主，集体股设置与否以及集体股所占比例应由其组成成员讨论决定，切实保障好社员的权益。

（三）推进股权流转，激活股权功能

针对目前合作社内股权平均、股东分散、股权封闭、决策效率低下等问题，积极探索创新产权制度，允许农村股权在社内流转、赠送、抵押，激活股权的资本功能，这有利于实现要素的优化配置，还在一定程度上促进村民离土离乡离股，推动农村劳动力转移就业，加快城镇化进程。

（四）实行"政经分离"，完善组织管理制度

探索建立以村党组织为核心，自治组织充分自治、集体经济组织独立运行的治理机制，进一步明确、完善和优化以村党组织为核心领导下的自治组织、集体经济组织的职能职责。村党支部和村委会主要负责宣传党的方针政策，落实党的各项惠民措施，办理本村的公共事务、公益事业、文化建设，代表村民对股份经济合作社的经营活动进行监督。股份经济合作社则主要承担集体资产、集体土地的经营管理，对外合作开发、股东收益分配等事务。股份经济合作社还应定期召开董事会、监事会和股东代表大会，充分发挥合作社内部治理机构和监督机制，做到财务公开，向全体股东报告股份经济合作社的经营情况，每年年底及时开展股金分红。

乡村治理中以"房票"激活农村资源资产的路径探索

浙江省湖州市吴兴区，地处太湖之滨、杭嘉湖平原北沿，典型的"鱼米之乡"，近年来先后被认定为国家现代农业示范区及改革与建设试点区，在推动现代农业发展、乡村有效治理、创新农村体制机制等方面进行了大量探索。其中，构建"房票"机制，促进宅基地节约集约利用、激活农村集体建设用地、保障农民合法权益的创新实践，对于探索乡村有效治理具有积极示范意义。

一、"房票"制度设计及其具体运行

（一）何为"房票"

就是对一定区域内（须经行政村或自然村 90％以上的农户同意）的农户进行整体搬迁，将宅基地等集体建设用地复垦，并另选址建设农民集中居住小区，搬迁农户按一定标准（每人 50 平方米的建筑面积，独生子女和成年未婚子女翻倍）享有领取集中居住小区安置房的资格。根据不同的情况和需求意愿，农户可以足额或部分领取安置房（需按综合建设成本补偿一定差价，约200 元/平方米左右，可用旧房屋拆除补偿金抵扣）。对于未领取的安置房面积，作为"房票"按一定价格（1 600 元/平方米）折价入股享受每年不低于10％的股权收益，或者按 3 000 元/平方米的价格一次性冲抵购买指定区域商品房的购房款。

（二）"房票"制度实施的具体流程

第一步，区政府会同乡镇制定总体规划，明确需要集中搬迁的乡镇村范围。第二步，乡镇政府会同村委会开展农户动员与协调，在涉及自然村 90％以上农户同意集体拆迁方案（补偿标准、旧房评估、"房票"作价等），其中90％的农户同意集中安置方案（集中居住小区位置、户型、面积、价格等）的前提下，启动相关工作。第三步，房产评估公司对拆迁户原有房屋、附属设施建筑进行独立评估作价，确定补偿金额（所得价款可直接冲抵安置房综合成本差价或直接领取现金）。第四步，由区级财政出资发起设立投资公司，作为资产主体统一经营土地复垦后新增的建设用地（采用村集体建设用地使用权入股方式），并向银行贷款，具体负责建设集中居住小区及安置房；同时，统一经营拆迁户未领取的安置房房产及相关物产，实现资产增值和经营收益，兑付

"房票"折股的年度分红。第五步，对旧房已经拆迁、而安置房尚未到位的拆迁农户，由区财政按照一定期限和标准给予租房补贴。

（三）实施"房票"取得的成效

"房票"制度设计的初衷，既是为了推动土地集中连片、建设现代农业园区和粮食生产功能区，也是为了促进农村资源整合、变现农村资产价值，为乡村建设等提供资金。2012 年开始，吴兴区就在南太湖和八里店镇两个集中连片的现代农业综合园区积极施行"房票"制度。截至 2015 年，全区以"房票"方式进行宅基地搬迁置换的农户有 2 964 户，相关农户已领取安置房面积约 20万平方米，已累计发放"房票"59.52 万平方米，"房票"折股年度收益（分红）约 9 500 万元。有 166 户拆迁户以"房票"冲抵，购买了约 1.5 万平方米的指定区域商品房。与此同时，通过对农户宅基地及村集体留用地等闲置土地的集中整治复垦，新增耕地约 2 500 亩，打通了耕地集中连片的阻隔，建成两个省级及以上现代农业综合园区，共 6.47 万亩。

二、推动"房票"制度运行的关键环节

"房票"制度运行的基本逻辑就是：以宅基地等建设用地换耕地增量、以耕地增量占补平衡腾出建设用地指标、以建设用地指标收益质押银行贷款、以土地开发及附属资产收益兑付年度分红。在这个流程中，资金、建设用地和资产收益是关键环节，是这一制度设计得以顺利施行的重要条件。

（一）强有力的资金支持

在整个"房票"制度运作过程中，搬迁农户集中安置小区和安置房建设、原有村庄土地复垦、土地置换后新增建设土地的初级开发、商品房折价款支付、"房票"年度折股收益分红、安置过渡期间租房补贴以及小区运行、物业管理等都需要强有力的资金支撑。从吴兴区财政来看，2015 年本级财力只有20 多亿元，仅靠财政来挑大梁显然不行；上级财政对土地复垦有一定补助，但资金量相当有限；直接的地方政府融资平台建设不断收紧，政策风险也比较大。所以，银行贷款和招商引资成为不二选择。吴兴区通过土地复垦新增一部分耕地面积，并在全区内通过占补平衡调整换出新增建设用地指标，利用调整置换后的建设用地指标进行招拍挂实现收益增值，或用作抵押物向银行贷款。这个做法以未来土地增值或经营收益为抵押物，存在一定的风险。据了解，在整体推进八里店镇现代农业综合园区建设时，扣除集中安置小区建设和其他配套建设用地后，新增工业和商贸用地 1 100 亩，按土地招拍挂均价每亩80～100 万元计算，交易收益在 10 亿元左右，考虑到房产商贸等后续开发，土地增值收益将相当可观。正是基于这一情况，投资公司以此为抵押，向建设银行浙江省分行融资 10 亿多元，解决了资金需求问题，建设银行的授信额已

达到 40 亿元。

（二）整体性的用地指标置换

从根本上讲，对农村集体建设用地的调剂和腾挪是"房票"制度运行的核心。在具体操作上，主要采取以下方式：一是预先测算原有村庄复垦后可新增的耕地面积，确定可置换的建设用地指标规模，再将这些用地指标一分为三部分：一部分用于建设安置房和其他必要配套设施；一部分作为商业建设用地，通过招拍挂出让，由开发商建设湿地公园和开发房地产；一部分通过征地方式转变为国有建设用地，用于临港产业园区工业项目建设。二是将前两部分建设用地作为农村集体资产注入投资公司，由其开展统一经营管理，并以商业建设用地未来收益为抵押向银行贷款。三是实施建设用地指标"大挪移"。考虑到土地复垦和土地利用规划调整需要时间周期，建设用地指标不可能一步到位，由市、区两级国土部门通过村庄复垦新增耕地、占补平衡、土地利用规划调整等步骤，实现建设用地指标新增，再归还省国土部门预支的用地指标。

（三）可持续的集体建设用地资产收益

吴兴区作为我国东部发达地区，民营经济和非农产业较为发达，农民离土倾向明显，在城市购房置业的比重较大，这就导致选择领取安置房的户数和面积都比较小。据统计，截至 2015 年底，安置房领取面积只有 20 万平方米左右，而以"房票"入股享受分红的面积近 60 万平方米，年度分红达9 440万元。可见，投资公司必须妥善经营，维持至少每年 10% 的资产收益率。加上中间费用、银行利息、管理成本等，实际收益还必须高于这一水平。能否长期领取 10% 的"房票"年度分红，也是拆迁农户普遍担忧的问题。"房票"制度短期缓解了建设资金的压力、节约集约建设用地、盘活农村资源资产、增加农民财产性收入等多重利好；但从长期来看，也存在经营风险、财务风险和政策风险，特别是在银行利息和到期债务压力之下，确保资产保值增值和持续经营的难度不小。

三、"房票"制度探索对乡村治理的几点启示

总的来看，"房票"制度设计比较精巧，实现了"死产变活产、资源变资金"，也比较好地兼顾了农民权益和农业现代化发展，特别是强调要坚持农民自愿，复垦耕地必须坚持农用，新增建设用地优先考虑农户集中安置、生态环境改善等。吴兴区的实践，对于探索推进农村集体建设用地改革，推进乡村治理有以下几点启示。

（一）宅基地变更为集体经营性建设用地需要慎重推进

按照现状和用地分类，农村集体建设用地包括集体组织成员宅基地、集体经营性建设用地和集体公共设施及公益事业用地。按照中央关于创新农村体制

机制和推动城乡统筹的改革部署，不论是缩小征地范围、集体经营性建设用地入市，还是闲置宅基地退出，都要坚持三条底线：第一，不能改变土地所有制，即农民集体所有；第二，不能突破耕地红线；第三，不能损害农民基本权益。而且明确"三块地"改革相互独立、封闭运行，不能相互打通，其目的就是保障集体成员权益，禁止变相将农村建设用地改少、把城镇建设用地改多。

（二）必须保障村集体成员对新增建设用地的处置和收益权

吴兴区通过用地指标置换，将包括宅基地在内的原集体建设用地一分为三：一部分作为安置房建设用地，按规定仍属于原村集体所有的建设用地；一部分变成了城镇国有建设用地，用于工业项目建设；一部分作为商贸服务用地，用于商业旅游和房地产开发。从理论上讲，工业建设用地是通过征地方式实现的国有建设用地，不能归入集体所有，但其余两部分建设用地都归原集体所有，后续的开发、协议转让等都应看作是对集体经营性建设用地（资产）的处置，处置收益都应由集体成员获得。从实际操作来看比较复杂。一方面，复垦后形成的耕地，无疑仍属于原有村集体，但属于承包地，其通过协议方式将经营权转让给企业等规模主体，获得租金收益已不属于集体建设用地范畴；另一方面，通过增加挂钩、占补平衡后，前述新增加的除工业用地之外的建设用地实际上是以土地股份合作的方式，交由投资公司来经营管理，集体组织成员只是实现了对资产收益的部分分享。选择安置房意味着获得了集体建设用地的使用权，其房产本身不具有资产属性（即"小产权房"），也不参与年度分红；选择"房票"则意味着持续分享集体资产收益；选择购买商品房并一次性冲抵购房款，其本质是让渡或者说放弃了作为集体组织成员享有的集体资产用益物权。

（三）必须对农村集体建设用地增值收益合理分配

吴兴区在实行"房票"制度之初，就提出了"公司化管理，封闭式运作"的资金管理模式，即：区财政不投入（财政注资新农村建设投资公司是补助性质，不享有股权）、不获取收益、土地整理和增值收益不上收、自求平衡。这种做法对财政较好的东部发达地区应该没有问题。2015 年底，中央关于推进农村"三块地"改革的试点方案明确提出要"建立兼顾国家、集体、个人的土地增值收益分配机制"；要求"农村集体经营性建设用地入市或再转让须征收 20%～50% 的土地增值收益调节金。调节金全额将上缴试点县地方国库，纳入地方一般公共预算管理"。对于具体上缴比例，"由试点县综合考虑土地增值收益情况，考虑土地用途、土地等级、交易方式等因素确定"。从吴兴区的实践看，如果能够构建一个股权关系清晰、集体资产权能明确、资产经营规范透明的机制，就应该让集体建设用地回归集体，而不是国家（县级政府）。

（四）探索农村集体建设用地作为抵押的可行性

吴兴区以建设用地未来收益作为抵押，向建设银行进行融资，可以说是整个"房票"制度的关键一招，既得到了银行的支持，又还原了农村集体建设用地的资产属性。《中华人民共和国物权法》规定，"债务人或者第三人有权处分的下列财产可以抵押：……（二）建设用地使用权；（三）以招标、拍卖、公开协商等方式取得的荒地等土地承包经营权……"但其所定义的建设用地使用权仅指国有建设用地使用权，不包括集体经营性建设用地使用权。该法还规定，"下列财产不得抵押：……（二）耕地、宅基地、自留地、自留山等集体所有的土地使用权……"。因此，推动农村集体建设用地改革，必须在法律方面做出调整，否则会加大整个农村集体建设用地入市的风险，最终将损害农村的发展和农民的利益。

乡村治理中的农村宗教管理

农村宗教管理是构建中国特色乡村治理体系的题中之义。2021 年中央 1 号文件提出，"加大对农村非法宗教活动和境外渗透活动的打击力度，依法制止利用宗教干预农村公共事务"，强调农村宗教工作在加强新时代农村精神文明建设中的重要意义。因此，在乡村治理中必须加强基层党组织建设，优化基层组织为农服务能力，规范农村宗教活动，提高农村宗教工作法治化水平，保障全面推进乡村振兴的各项工作得以有效落实。

一、农村宗教的现状和问题

（一）部分农村地区信教人数增加

自我国恢复宗教信仰自由政策以来，农村宗教信徒人数有逐年增加的趋势，部分地区增幅明显。以全国基督教数据为例，1982 年的官方数据显示，我国基督教徒约 300 万人①，2010 年这一数字达到 2 305 万人②，增长速度非常快，其中农村基督教徒所占比例与城市基本相当③。全国农村固定观察点数据显示，300 多个固定观察点村的佛教信徒从 2011 年的 33 358 人增加到 2018 年的 62 485 人，信徒人数翻了近一倍。2018 年国务院新闻办发布《中国保障宗教信仰自由的政策和实践》白皮书，指出我国信教公民近 2 亿人，主要信仰佛教、道教、伊斯兰教、天主教和基督教等宗教，其中佛教信徒逾半。农村宗教活动场所增多、形式多样，对农村地区经济、文化、社会等发展有深刻的影响。

（二）信教群众的群体性特征明显

从农村宗教信仰总体分布情况来看，信众显现出鲜明的群体性特征。北京

---

① 1982 年中共中央第 19 号文件《关于我国社会主义时期宗教问题的基本观点和基本政策》指出，当时我国宗教信徒数据为：天主教徒 300 万，基督教徒 300 万，伊斯兰教徒 1 000 万，佛道教信徒难以计算。

② 2010 年中国社会科学院世界宗教研究所发布《宗教蓝皮书·中国宗教报告（2010）》，统计表明，当时我国信仰基督教（包括三自教会和家庭教会）的信众共 2 305 万人。

③ 吴越，张春泥，卢云峰：《反思"农村西方宗教热"：迷思还是事实？——基于中国家庭追踪调查的分析》，《开放时代》，2020 年第 3 期。

大学"中国家庭追踪调查"（China Family Panel Studies，CFPS）的数据显示[1]，一是女性比男性更倾向于信仰宗教。女性受访者中 11.5％有宗教信仰，男性比例则只有 8.4％，加入宗教组织的人中，女信徒占 70％以上。二是年龄较大的群体特别是留守老人更容易信教。受访者中 60 岁以上的老人占信徒总数的三成以上。三是文化程度较低的民众更容易信教。大专及以上文化水平的人较难产生宗教信仰，而文盲、半文盲的信徒比例排名最高。四是经济状况较差的农民更容易信教。经济收入和社会地位较低的群体，如留守妇女、困难群众等更容易被各类宗教所吸纳。整体上看，农民信教存在明显的功利性，信仰者多半基于祛病除灾、求财得子等现实需求，对教会宗旨的理解并不深，不少信徒因求医无果而加入某教派，也有的受特定事情触动而信某一教派，甚至有的还会改信教派。由此反映出农村宗教信徒较为脆弱的信仰立场。更多时候，宗教被视为一种精神慰藉，其频繁的聚会活动成了信徒们交流互助的平台。

（三）非法宗教活动不同程度存在

近年来，农村非法宗教活动有不同程度的变异。首先，"三乱"问题相对突出，所谓"三乱"是指乱建庙宇和乱塑造像、私设基督教聚会点、假僧假道乱做佛事道场等现象，这些不伦不类、非佛非道的活动助长了农村封建迷信之风，破坏了农村宗教和谐的局面。其次，宗教商业化问题值得关注，一些地区存在"宗教搭台、经济唱戏"的趋向，在商业资本的介入下，部分宗教场所借教敛财，搞开光庆典、烧高香、撞头钟、抽签占卜等商业化活动。最后，网上非法传教的现象不容忽视，依托于互联网、移动互联网技术的发展，非法宗教摆脱了空间条件的限制，更具欺骗性、隐蔽性、迷惑性，这些非法宗教的新变异和新苗头给农村宗教工作带来了很大挑战。

（四）个别地区出现宗教引发社会矛盾问题

在乡村，宗教方面的矛盾往往与社会矛盾交织在一起，大致表现为以下几个类型：其一，政治倾向型。一些地方农村境外势力利用宗教进行渗透，农民信众受骗上当、误入歧途，非法接受境外传道经费并参加培训等行为。其二，经济纠纷型。个别地区因历史遗留问题引发经济矛盾，如一些因历史原因被拆除的场所，应信教群众要求恢复，但原址复建、农户赔偿的金额教会无力承担。其三，宗法混杂型。一些地方农村宗教与宗族势力相勾结，干预公共事务，利用教法干预司法、干预婚姻等。其四，社会管理型。一些地方在执行政策过程中处理不当，引发信教群众抵制情绪，将简单的治安案件上升为宗教矛盾，导致信教群众与政府发生对立等。

---

① 北京大学宗教文化研究院课题组：《当代中国宗教状况报告——基于 CFPS（2012）调查数据》，《世界宗教文化》，2014 年第 1 期。

二、农村宗教问题的原因分析

（一）基层党员干部对宗教认识不足

农村宗教工作范围广、任务重。农村基层党组织在宗教活动管理中存在机构不健全、职能不充分、执法有偏差等情况。目前，农村基层有一部分党员干部对宗教工作的重要性、紧迫性认识不足，或将宗教与封建迷信混为一谈，视宗教问题为洪水猛兽、视信教群众为异己力量，对宗教领域的矛盾采取简单粗暴的处理方式。一部分党员干部对信仰状况不了解，想当然地将宗教理解为劝人行善，过分突出其农民私事的属性，对宗教中出现的问题视而不见、放任不管，造成部分地区宗教无序发展。也有一部分党员干部不作为，认为抓得好无功劳、抓不好有意见，从而不愿管、不会管、不敢管。

（二）农村自治组织功能发挥不充分

鉴于农村青年人才流失、老龄化空心化现象严重，基层治理缺乏有生力量，农村自治型社会组织发展也受到很大制约。这类在农村实行"自我管理、自我教育、自我服务"的基层群众性自治组织，事实上承担着部分行政职能和经济功能，形式上表现为家族邻里组织、互助帮扶组织、文化娱乐组织等，它们在民间纠纷调解、社情民意通达、村民议事协商等方面有着官方机构不具备的优势，在组织村民充分参与公共事务的同时，还具有维持秩序、助力经济、文化传递等重要功能，也为农村社区共同体提供着宝贵的情绪价值。正是由于农村自治型社会组织的缺失，宗教作为某种变相替代品承接了部分经济社会功能，致使一些地区出现盲目的宗教热现象，甚至为邪教组织的侵入提供了土壤。

（三）农村文化公共服务供给严重短缺

农村公共文化设施和服务供给不完善，为宗教信仰留下了空间。随着农村一度盛行的乡村电影院、戏院逐渐消失，早期流行的杂技、把戏得不到传承，庙会、赶集活动也日趋稀薄，与此同时，新潮的公共文化项目难以企及农村，特别是经济落后地区，几乎没有像样的文艺演出、农村书屋等设施服务，农民日常娱乐形式单一，精神生活匮乏。农村信教群众多为留守妇女、空巢老人，经常感到空虚、寂寞，参加宗教活动与其说是探讨教义，不如说是聊天聚会、交流心得，宗教使信徒获得归属感和存在感，负面情绪得到一定宣泄，精神生活得到一定改善，对村民有着较强的吸引力。

（四）农村宗教管理的法律法规不健全

当前，我国宗教事务管理的法律框架较为宽泛，2017 年修订的《宗教事务条例》仅规定了宗教事务管理工作的主体，即"乡级人民政府应当做好本行政区域的宗教事务管理工作；村民委员会、居民委员会应当依法协助人民政府管理宗教事务"。然而，涉及农村非法宗教活动的法律法规尚未出台，这不仅导致基层执法人员对农村非法宗教活动处置不力，常常以"打擦边球"的方式模糊处理，起不到依法打击的作用，而且不利于农村基层的普法活动，农民宗教信众对境外势力的渗透、宗教极端思想与邪教的辨识度低，难以有效提升其遵法守法意识。

（五）农村宗教事务管理主体杂糅

目前，各地区宗教管理的主体呈现多元化局面，有的由宗教团体和教会负责，有的由庙宇管理委员会承担，管理的无序助长了农村宗教热现象。此外，乡村宗教管理联动机制存在缺陷，农村宗教的内容和形式多种多样，宗教事务管理涉及多个领域、多个部门，当前农村宗教事务管理工作"政出多门，九龙治水"，缺乏统一的管理联动机制。凡此种种，使得政府在乡村宗教治理方面存在缺位、越位现象，难以达到有效和规范的治理。加之民间宗教自治组织发育不充分，组织形态不完整不系统，多数民间宗教组织仅有少量约定俗成的关系结构，或有雏形状态的行为规范与准则，总体看来极不稳定，这类草根性的农村宗教组织很难发挥自我管理的功能，也难以协助宗教管理部门履行职能。

三、强化农村宗教管理的对策和措施

当前做好农村宗教工作的根本保障是加强党的领导，将宗教治理纳入乡村治理体系、纳入国家治理框架，依托基层党委政府，加强宗教领域的乡村自治、法治、德治建设，推动农村宗教工作不断开创新局面。

（一）加强基层党委政府对宗教的管理

做好农村宗教工作的核心是加强党对宗教工作的领导，特别是强化基层党委政府对宗教工作的领导，全面掌握各类宗教活动信息和动态，做到底子清、情况明，把宗教工作纳入重要议事日程，纳入经济社会发展计划、城乡建设规划、社会治安综合治理和文明创建，也纳入财政预算和各级领导责任制。基层党委政府要坚持定期听取宗教部门汇报、研究分析宗教工作形势、学习宗教政策和法规，建立完善由党委统战部门负责的宗教工作协调机制，逐级落实责任、切实抓紧抓好。与此同时，建立健全县、乡、村三级宗教工作网络，严格落实乡村两级宗教工作责任制，探索以网格化管理为抓手、以现代信息技术为支撑，实现基层服务和管理精细化精准化，确保农村宗教工作有人管、有人抓，使农村基层组织成为依法管理宗教工作的前沿和堡垒。

（二）强化基层组织的为农服务能力

为农服务能力涉及农村经济、社会、文化发展的方方面面。一是强化农村公共文化服务供给，挖掘乡土文化人才，建立文化宣传队伍，引导群众开展多种形式的文化活动，例如提高农家书屋利用率，举办文艺下乡演出、知识讲座、"村村通"广播等活动，丰富农民的精神生活，提高农民的科学素质，让农民精神有慰藉、心灵有皈依。二是全方位提供政策支持与技术帮扶，帮助农民勤劳致富，转变农村广大信教群众轻人间、重天堂，轻今世、重来世的观念，调动他们的积极性、主动性、创造性，在为经济社会发展作贡献的同时享受实质性的福利，在物质和精神上同步体会获得感、幸福感。三是切实优化农村低保、养老、医疗等公共服务，鉴于农村宗教信徒中有相当一部分弱势群体，如留守老人、寡居妇女、残障人士、贫困农民等，农村社会福利无法覆盖的地方就会自然让渡给宗教信仰，故解决问题的源头还要追溯到基础公共服务的供给上。

（三）推进农村宗教团体和社会组织建设

加强宗教团体自身建设是开展农村宗教治理活动的关键，一方面，帮助宗教团体建立健全议事规则、经济管理制度、会议制度、学习制度、重大事项报告制度等，确保宗教活动的正常开展，循序渐进推进宗教团体的制度化、规范化管理；另一方面，加强宗教教职人员的培训，以"政治上靠得住、宗教上有造诣、品德上能服众、关键时起作用"为标准培养爱国宗教教职人员队伍，提高其宗教素养。与此同时，倡导公益慈善，鼓励和规范农村宗教组织开展公益慈善事业，将佛教"大慈与一切众生乐"、基督教"爱人如己"、道教"齐同慈爱、和光同尘"等人文关怀理念与农村慈善事业相结合，积极引导、加强协调，在经费、人才、政策等方面做好服务工作。

（四）提高农村宗教工作法治化水平

新时代农村宗教工作的开展，关键在法治。习近平总书记指出，"要用法律规范政府管理宗教事务的行为，用法律调节涉及宗教的各种社会关系"，这就意味着我们要在立法、执法、普法等层面共同推进农村宗教法治化工作。第一，在立法层面突破。依据《民法典》和新修订的《宗教事务条例》，适时制定地方性的农村宗教活动场所和宗教团体管理规定，完善《宗教事务条例》在地方的执行办法。第二，在执法层面严格管理。坚持"保护合法、制止非法、遏制极端、抵御渗透、打击犯罪"的原则，加强对宗教场所、宗教活动、宗教教职人员的管理。适时开展打击邪教和非法宗教的专项行动，建立宗教治安联席会议制度，促进各宗教人士和谐共处，防止宗教械斗。第三，在普法层面加大力度。进一步强化农村基层干部的法治意识，敦促其运用法治思维和法治方式，处理和解决农村宗教领域的矛盾和问题；同时提高农民法治素养，把开展马克思主义宗教观、党的宗教政策和法律法规教育纳入农村各类学习教育中，引导广大农民特别是信教群众增强遵法学法守法用法意识。

（五）优化农村德治环境

习近平总书记指出，"积极引导宗教与社会主义社会相适应，必须坚持中国化方向""要用社会主义核心价值观引领、用中华文明浸润我国各宗教",这对重塑农村德治土壤提出了要求。一方面,着力挖掘宗教文化资源,对宗教道德伦理进行批判性吸收,例如,佛教的"庄严国土、利乐有情",基督教的"荣神益人",道教的"慈爱和同,济世度人",伊斯兰教的"两世吉庆"等教义,都含有爱国爱教、独立自主的精神品质,崇尚和谐、博爱、宽宏的价值观念,以及服务他人、回馈社会的责任意识等积极因素,这对于形成良好的村风民俗,构建平等友爱、充满正气的和谐农村社会有着积极作用,应当予以尊重和弘扬。另一方面,着力培育文明乡风、良好家风、淳朴民风,破除封建迷信,不断提升社会文明程度,在农村宗教工作中强化爱国主义教育和公民道德教育,大力弘扬民族精神和时代精神,用生动活泼、健康向上的文化占领农村思想阵地,优化农村德治环境。

习近平总书记指出,"宗教工作的本质是群众工作"。广大信教群众是人民群众的重要组成部分,在农村宗教工作中,各级领导干部要牢固树立群众观点,毫不动摇地坚持走群众路线,从认真做好群众工作的高度,理解宗教管理的内涵。把农村宗教管理纳入乡村治理体系这一宏大框架中,以基层党组织建设为抓手,真正强化农村宗教管理,提升乡村治理效能。

参 考 文 献

巴沂晋．乡镇基层政府公信力问题浅析［J］. 党史文苑：下半月学术版，2014（5）：63-65.

陈明．村民自治："单元下沉"抑或"单元上移"［J］. 探索与争鸣，2014（12）：107-110.

陈秋强．乡贤：乡村治理现代化的重要力量［J］. 社会治理，2016（2）：115-119.

褚银良．"宁海小微权力清单"改革实践与思考［J］. 政策瞭望，2015（6）：37-39.

邓超．实践逻辑与功能定位：乡村治理体系中的自治、法治、德治［J］. 党政研究，2018
　（3）：89-95.

邓大才．村民自治有效实现的条件研究——从村民自治的社会基础视角来考察［J］. 政治
　学研究，2014（6）：71-83.

邓大才．走向善治之路：自治、法治与德治的选择与组合–以乡村治理体系为研究对象
　［J］. 社会科学研究，2018（4）：32-38.

耿永志．试析农村社会治理的整体性研究思路［J］. 农业经济，2015（9）：36-38.

郭金秀，龙文军．社会组织如何参与乡村治理——基于安徽绩溪县尚村"积谷会"的调研
　［J］. 农村经营管理，2020（3）：44-45.

郭正林．乡村治理及其制度绩效评估：学理性案例分析［J］. 华中师范大学学报：人文社
　会科学版，2004（4）：24-31.

韩嘉仪，高璇．支部领办"德育银行"小积分撬动乡村大治理［J］. 乡镇论坛，2021（35）：
　18-19.

贺佃奎．实现共同富裕之路径的思考——对云浮市乡贤理事会的考查［J］. 南方农村，
　2014（4）：57-59.

贺雪峰．论富人治村——以浙江奉化调查为讨论基础［J］. 社会科学研究，2011（2）：
　111-119.

贺雪峰．乡村治理研究的进展［J］. 贵州社会科学，2007（6）：4-8.

贺雪峰．乡村治理研究的三大主题［J］. 社会科学战线，2005（1）：219-224.

贺雪峰，董磊明．中国乡村治理：结构与类型［J］. 经济社会体制比较，2005（3）：42-50.

贺雪峰，董磊明，陈柏峰．乡村治理研究的现状与前瞻［J］. 学习与实践，2007（8）：
　116-126.

侯万锋．新中国成立以来我国乡村治理模式的历史回顾、现实难题与治理机制优化［J］.
　河南师范大学学报（哲学社会科学版），2009，36（5）：45-48.

黄辉祥．情感联结再造：家户双向性的历史转型与乡村治理［J］. 华中师范大学学报（人
　文社会科学版），2018，57（3）：17-30.

季中扬，胡燕．当代乡村建设中乡贤文化自觉与践行路径［J］. 江苏社会科学，2016（2）：
　171-176.

贾天明，龙文军．说事评理议事普法中心"一站"解纠纷［J］．乡镇论坛，2022（4）中

蒋平．加强和改进农村基层党建与基层治理的新模式——广西百色市"农事村办"工作的
　　经验与启示［J］．经济与社会发展，2013，11（1）：11-14.

焦长权．资本进村与村庄公司主义［J］．文化纵横，2013（1）：98-103.

金伯中．论"枫桥经验"的时代特征和人本思想［J］．公安学刊（浙江公安高等专科学校
　　学报），2004（5）：11-18.

李增元．乡村社区治理研究：分析范式、分析方法及研究视角的述评［J］．甘肃行政学院
　　学报，2012（4）：72-129.

刘守英，熊雪锋．中国乡村治理的制度与秩序演变——一个国家治理视角的回顾与评论
　　［J］．农业经济问题，2018（9）：10-23.

刘淑兰．乡村治理中乡贤文化的时代价值及其实现路径［J］．理论月刊，2016（2）：78-83.

刘永哲．欠发达地区农村基层党组织建设的困境与出路［J］．社科纵横，2004（2）：24-26.

龙文军．把"党建引领，五力聚合"乡村治理渝水实践打造成标杆［J］．农村经营管理，
　　2021（5）：20.

龙文军．改革开放以来乡村治理体系的变迁［J］．乡镇论坛，2020（14）：16-17.

龙文军．乡村治理有效的探索［J］．乡镇论坛，2020（6）中

龙文军．朝着乡村治理能力现代化的目标迈进［J］．乡镇论坛，2020（20）：19-20.

龙文军，林奕言．"十四五"时期乡村治理思路和举措［J］．乡村论丛，2021（3）：76-82.

龙文军，张灿强．重大疫情防控下对提高乡村治理能力的思考［J］．农村工作通讯，2020
　　（12）：11-13.

卢芳霞．中国农村社会管理创新之路径与模式初探——以"枫桥经验"为例［J］．中共杭
　　州市委党校学报，2011（5）：62-66.

卢芳霞．从"社会管理"走向"社会治理"——浙江"枫桥经验"十年回顾与展望［J］．
　　中共浙江省委党校学报，2015，31（6）：64-69.

卢福营．乡村精英治理的传承与创新［J］．浙江社会科学，2009（2）：34-36.

卢艳齐．乡村治理困境与现代乡贤的治理合法性探究［J］．福州党校学报，2016（3）：
　　43-48.

吕云涛．新中国乡村治理模式变迁 60 年的回顾与展望［J］．延边党校学报，2010（1）：
　　68-70.

马池春，马华．中国乡村治理四十年变迁与经验［J］．理论与改革，2018（6）：21-29.

潘琼琼．当前中国乡村治理研究综述［J］．常州大学学报（社会科学版），2012，13（1）：
　　19-22.

潘新新．发挥乡贤文化多元治理效应的时代背景和路径选择［J］．中共宁波市委党校学报，
　　2016，38（3）：82-87.

祁勇，赵德兴．中国乡村治理模式研究［M］．济南：山东人民出版社，2014：39-40.

裘斌．"乡贤治村"与村民自治的发展走向［J］．甘肃社会科学，2016（2）：163-167.

任倩，龙文军，王佳星．社工：一个参与农村社会管理的新主体［J］．农村工作通讯，
　　2016（19）：33-35.

沈延生．中国乡治的回顾与展望［J］．战略与管理，2003（1）：52-66.

孙荣．社会组织如何融入基层治理创新［J］．人民论坛·学术前沿，2015（2）：62-71.

汤玉权，徐勇．回归自治：村民自治的新发展与新问题［J］．社会科学研究，2015（6）：62-68.

唐胤展，龙文军，刘年艳．"枫桥经验"对基层社会治理创新的启示［J］．古今农业，2017（1）：13-19.

王翠英．乡镇一级政府到底应当怎样改？——学术界关于乡镇政府体制改革讨论综述［J］．理论导刊，2004（9）：52-54.

王海侠，孟庆国．乡村治理的分宜模式："党建＋"与村民自治的有机统一［J］．探索，2016（1）：127-133.

王佳星，龙文军．桃园开辟"新桃园"［J］．果农之友，2016（12）：35-35.

王佳星，龙文军，刘年艳．农村网格化管理——乡村治理方式的创新［J］．农村工作通讯，2016（20）：36-39.

王佳星，龙文军．徐精文　外乡来的花果园主［J］．农村工作通讯，2017（11）：49-51.

王均宁．基层党建引领农村治理创新的实践与启示——以雷州市"麻廉模式"为例［J］．中共乐山市委党校学报，2016，18（1）：45-49.

王木森，王东．微权清单式村治：法治村治的未来模式——以浙江N县推行村务工作权力清单36条为例［J］．理论导刊，2015（4）：8-12.

吴锦良．"枫桥经验"演进与基层治理创新［J］．浙江社会科学，2010（7）：43-49.

吴理财．科层化治理：乡村治理的一个误区［J］．学习月刊，2005（12）：24-25.

吴理财，杨刚，徐琴．新时代乡村治理体系重构：自治、法治、德治的统一［J］．云南行政学院学报，2018，20（4）：6-14.

吴理财．中国农村治理60年：国家的视角［J］．探索与争鸣，2009（10）：13-16.

夏行．防止"小权力"演变为"大腐败"——宁波市推行农村"小微权力"清单制度的探索［J］．领导科学，2014（31）：22-23.

项辉，周俊麟．乡村精英格局的历史演变及现状——"土地制度—国家控制力"因素之分析［J］．中共浙江省委党校学报，2001（5）：90-94.

谢志强．创新社会治理：治什么谁来治怎么治——我国加强和创新社会治理面临的问题挑战与对策建议［J］．新华月报，2016（15）：44-47.

徐勇．县政、乡派、村治：乡村治理的结构性转换［J］．江苏社会科学，2002（2）：27-30.

徐勇．乡村治理结构改革的走向——强村、精乡、简县［J］．战略与管理，2003（4）：90-97.

杨安．"枫桥经验"与乡村治理现代化——信息化、大数据在乡村治理中的应用［J］．观察与思考，2015（2）：63-65.

杨安，张英洪，王丽红．"十四五"乡村治理四大着力点［J］．半月谈，2020（24）：53-55.

杨军．弘扬乡贤文化 发挥乡村新乡贤作用［J］．文化学刊，2015（5）：5-11.

杨兴帅，王雅宁，赵海燕．推行"七下"模式 促进服务与治理有机融合［J］．乡镇论坛，2022（8）：24-25.

俞可平．自治与基层治理现代化［J］．党政视野，2016（7）：3-4.

张天佐．健全乡村治理体系 筑牢乡村振兴基石——我国乡村治理模式变迁及发展［J］．农村经营管理，2021（7）：14-16.

张新民．从乡贤文化看社会秩序的重建［J］．教育文化论坛，2016，8（3）：109-115.

张雪霖．村干部公职化建设的困境及其超越［J］．西南大学学报（社会科学版），2016，42（2）：44-50.

张艺．乡贤文化与农村基层治理——以广东云浮乡贤理事会为例［J］．广东行政学院学报，2015（5）：33-36.

郑万军．贫困、空心化与乡村治理现代化［J］．党政视野，2016（8）：108-109.

郑晓凤，刘颖．中国乡村精英治理模式的路径探究［J］．河北青年管理干部学院学报，2012，24（4）：40-43.

夏行．防止"小权力"演变为"大腐败"——宁波市推行农村"小微权力"清单制度的探索［J］．领导科学，2014（31）：22-23.

中国社会科学院农村发展研究所课题组，李周，党国英．村民自治的有效实现形式：村民自治体适度下沉［J］．中国党政干部论坛，2015（7）：10-15.

周庆，蒲辉，傅建勇．等．"枫桥经验"对化解社会多元化矛盾的启示［J］．北京人民警察学院学报，2011（2）：29-35.

邹建平，卢福营．制度型支配：乡村治理创新中的乡村关系［J］．浙江社会科学，2016（2）：68-72.

后　　记

　　我们从 2015 年开始组建乡村治理问题研究团队，在团队成员近
6 年的共同努力下，《乡村善治之路的探索》终于问世。虽然字数不
多，但对于以前侧重研究农业生产和农村金融问题的人来说，是一
个比较大的挑战。为了开辟乡村治理研究领域，我们先后赴浙江、
安徽、贵州、广西、江西、山东、湖南、北京等省（自治区、直辖
市）开展调研，书中提及的案例都是我们调研的所见所闻所感，有
的是专门开展乡村治理问题的调研成果，有的是在其他问题调研时
顺带做乡村治理问题调研以后的成果，还有的是地方农业农村部门
委托我们开展研究以后形成的成果。在党中央提出乡村振兴战略之
前，基层农业部门在乡村治理方面的职能并不明确，我们的调研工
作大都需要他们去协调其他相关部门来完成，从事研究的难度很大，
而且早期成果很难发挥作用。在实施乡村振兴战略以后，基层农业
农村部门在乡村治理方面的职能得以明确，农业农村部门迫切需要
了解推进乡村治理的方式和手段，乡村治理研究的作用越来越突出。
我们出版此书之际，有些案例在国家有关部门的大力支持下比以前
做得更好了，有些案例的数据可能已经升级了，书中还有一些提法
可能不一定符合当地实际了，但是这些治理模式是我们看到的实实
在在的探索。本著作是对前期工作的汇总，可以为开展深入研究打
下基础，可以为各地进一步推进乡村有效治理提供有益的借鉴，可
以为国家制定乡村治理政策提供支持，可以为学术界研究乡村治理
问题提供参考。

　　衷心感谢社会各界对我们研究工作的支持。中国农经学会会长、
原农业部副部长陈晓华一直十分关心乡村治理的研究工作，对我们
撰写的关于乡村治理问题的研究报告给予了充分肯定，并作出批示，
激励了团队研究的信心。在党的十九大提出乡村振兴战略以后，我
们对乡村治理问题的研究目标更加明确，撰写的报告也得到了中央

农办原副主任韩俊同志的肯定性批示，进一步增强了我们对乡村治理问题研究的决心。研究团队还受邀参与《关于加强和改进乡村治理的指导意见》的起草和讨论，将研究成果及时转化为决策。农业农村部总畜牧师张天佐对研究团队的工作给予高度肯定，农业农村部毛德智、王宾、李冠佑、高小军、贺潇、张莹等，中央农办的刘洋，中国农村杂志社雷刘功、徐刚、魏登峰，农研中心吴天龙、刘年艳、任倩、王妍令仪、王鹏飞、王佳星、庞静泊、郭金秀、林奕言、韩嘉仪等，中国农业大学经管学院的贾天明、谢灵蕴，北京农学院的刘芳、赵海燕、杨兴帅、黄思婷、魏志浩、王亮亮、王雅宁，中国农科院的赵一夫，浙江省原农办张若健以及相关省市的领导等，他们有的是提供调研学习的机会，有的是直接参与调研和报告写作，有的是参与课题讨论，为我们书稿的完成做出了重要贡献。《乡镇论坛》杂志社执行主编张宝珠、《农民日报》社李朝民主任、中国农业出版社周益平老师等为书中成果的出版和发行做了大量的工作。特别要感谢农研中心金文成主任百忙之中为本书作序，陈洁副主任、徐雪研究员对我们研究团队工作给予了大量的支持和帮助。

　　由于研究水平有限，书中难免存在疏漏。研究借鉴了前人大量的成果，有些在参考文献中列明，有一些也不一定列全，请广大读者和原创者包涵。

龙文军

2022 年 6 月